내일을 생각하는 마크로비오틱 집밥

내일을 생각하는 마크로비오틱 집밥

초판 1쇄 발행 2022년 1월 24일

지은이 전혜연
펴낸이 강수걸
기획실장 이수현
편집장 권경옥
편집 신지은 강나래 윤소희 오해은
디자인 권문경 조은비
경영지원 공여진
펴낸곳 산지니
등록 2005년 2월 7일 제333-3370000251002005000001호
주소 부산시 해운대구 수영강변대로 140 BCC 613호
전화 051-504-7070 | 팩스 051-507-7543
홈페이지 www.sanzinibook.com
전자우편 sanzini@sanzinibook.com
블로그 sanzinibook.tistory.com

ISBN 979-11-6861-003-3 03590

* 책값은 뒤표지에 있습니다.
* 잘못된 책은 구입하신 곳에서 교환해드립니다.

내일을 생각하는
마크로비오틱 집밥

전혜연 지음

산지니

차례

들어가며 7
일러두기 11

자연과 가까워지는 요리법

첫 번째, 버리지 않고 요리하기

나에게 생명을 주어서 고마워 19
자연과 연결되는 식탁 위의 작은 실천 21
죽은 쌀과 살아 있는 쌀 22
오늘부터 시작하는 〈소화가 잘 되는 현미밥 짓기〉 23
재료를 씻는 시간은 재료와 친해지는 시간 29
채소를 어떻게 씻고 손질할까 32
셀러리 잎은 정말 먹지 못하는 걸까? 36
오늘부터 시작하는 〈버리지 않는 마크로비오틱 요리〉 39

두 번째, 영양제 대신 제철 재료가 주는 에너지를

내 삶을 지탱해주는 제철 밥상 49
제철 채소는 친절하다 51
궁극의 미식 제철 집밥 52
오늘부터 시작하는 〈열두 달 마크로비오틱 집밥〉 54
한입 더 마크로비오틱의 음양(陰陽)이야기 161

세 번째, 채소를 더 가까이에

다른 생명체를 존중하는 삶	167
자연의 섭리를 따른 먹거리가 곧 내 몸에 이로운 먹거리	169
곡식과 채소를 더 가까이에	170
한입더 비건? 마크로비오틱?	172
오늘부터 시작하는 〈통곡물, 채소와 더 친해지는 요리〉	176
Part 1. 식물성 요리의 기본. 육수 대신 채수 만들기	176
Part 2. 재료의 폭이 넓어지는 통곡물 요리	181
Part 3. 한 그릇 밥요리	190
한입더 가급적 친환경 농법으로 재배한 재료를	202

네 번째, 첨가물과 감미료는 멀리

첨가물 대신 생명력이 깃든 기본 조미료를	207
수제 소스로 수고는 덜고 식탁은 다채롭게	213
오늘부터 시작하는 〈수제 소스로 차리는 간편 요리〉	214
감미료와 멀어지기	229
오늘부터 시작하는 〈재료 본연의 달콤함을 만끽하는 요리〉	231

평생 습관이 되어줄 마크로비오틱 식사법

평생 습관을 만들어줄 첫 발걸음	241
건강을 위해 한 발짝 더	245

BONUS 자연과 가까워지는 주방생활

장보기	255
주방에서	256

들어가며

마크로비오틱. 건강한 식생활 혹은 채식에 관심이 있는 사람이라면 한 번쯤은 들어보았을 법도 하지만, 여전히 우리나라에서는 아직 생소한 단어 아닐까요. 마크로비오틱의 인지도가 낮기 때문에, 주변에 마크로비오틱을 배우러 일본에 다녀온다고 얘기했을 때, 설명하기가 참 어려웠습니다. 대충 '일본에서 시작한 채식 요리를 배우고 온다'라고 얼버무리기도 했죠. 하지만 이 설명은 반도 맞지 않습니다.

이렇게 얘기하면 어렵게 느껴질지도 모르겠지만 마크로비오틱은 무척 심플한 개념입니다. 마크로비오틱은 '<mark>오랫동안(Macro) 생명력 넘치게(Bio) 살아가는 데 도움이 되는 생활양식(Tic)</mark>'이며 이를 위해서는 영양소나 몸에 주는 효능과 같은 좁은 관점이 아닌, '<mark>넓은 관점에서(Macro) 생명을(Bio) 바라보는 자세(Tic)</mark>'가 필요합니다. 반대로, 넓은 관점에서 자신과 그 주변을 둘러싼 환경을 바라보며 살아가면, 건강은 자연스럽게 따라오는 것이라고도 생각할 수 있습니다. 땅에게 부담을 주지 않은 농법으로 키운 식재료를 사용하거나, 밥상에 오를 재료를 '먹거리'가 아닌 '생명'으로 대하며, 버리는 부분 없이 소중히 사용하는 것처럼, 인간도 우주를 구성하는 수많은 생명체와 함께 자연의 질서를 따르며 조화롭게 사는 것. 그뿐입니다. '마크로비오틱'이라는 단어를 들으면 구체적인 인상을 떠올리기 어려워 고개를 갸웃하기도 합니다. 무엇이 마크로비오틱의 정답인지도 알 수 없습니다. 모순적일 수도 있겠지만, 그래서 이 단어를 좋아합니다. 마크로비오틱에는 정답이 없으니 오답도 없습니다. 원칙을 정해두고 그에 맞지 않는 기존의 생활 방식을 비판하고 금지하는 대신, 세상을 넓은 관점으로 바라보는 것은 어떠냐며, 새로운 생활 방식과 관점을 제안합니다. 저는 너그러운 마음씨를 가진 이 단어를 닮은 요리 선생님이 되고 싶습니다.

그동안 마크로비오틱 쿠킹클래스를 진행해오며 내심 안타깝기도, 답답하기도 했습니다. '건강식'을 기대하고 마크로비오틱을 찾는 분들이 많은 만큼, 먹어서는 안 될 음식과 챙겨 먹어야 할 음식, 하루에 마시는 물과 밥의 양까지 정해두는 등 반드시 지켜야 할 자신만의 건강수칙을 만들고 싶어 하는 경우가 많았습니다. 또는 마크로비오틱을 학문이나 종교처럼 여기며, 단기간에 마크로비오틱 이론이나 많은 양의 지식을 얻어 가기를 기대하는 경우도 많이 보았죠. 이런 모습을 보고 있자면, 스스로를 옥죄는 생활을 하고 있는 것처럼 보여, 내심 걱정이 앞서곤 합니다.

마크로비오틱은 학문이나 종교와 다르기 때문에, 반드시 지켜야 하거나 절대로 해서는 안 될 규칙 같은 것은 없습니다. 식재료의 성질을 암기하고 조합할 줄 아는 기술을 공부하는 것도 아닙니다. 마크로비오틱을 새로운 학문으로 생각하고 원칙과 이론에 대해 공부하기보다는, 우선 일상 속에서 자연의 섭리를 따르는 식생활을 차근차근 실천해보는 건 어떨까요? 마크로비오틱 식생활을 실천하며 노력하고 있는 점은 많지 않습니다. 크게 나누자면 이네 가지 정도입니다.

하나, 재료를 남김없이 사용하며 요리합니다.

둘, 나와 가까운 곳에서 그 철에 나고 자란 재료를 사용하려 노력합니다.

셋, 다른 생명체에게 해를 가하지 않은 방식으로 키우고 재배한 재료를 사용합니다.

넷, 생명력을 잃은 재료는 멀리합니다.

국내에서 마크로비오틱은 건강식의 한 종류로 알려져 있지만, 이 책은 무병장수를 위한 요리법을 알리는 책이 아닙니다. 위의 네 가지를 중심으로, 일상의 집밥을 차려 먹으며, 주방을 통해 다른 생명들과 조금 더 가까워지는 삶의 방식을 소개했습니다. 때문에, 마크로비오틱 식생활을 돕는 요리와 레시피에 더불어, 저의 주방 생활에 대한 이야기와 즐겨 사용하는 소품에 대해서도 소개했습니다. 이러한 생활 방식은 우리에게 익숙한 편리함을 포기하거나 맛없는 음식을 참고 먹는 생활이 아닙니다. 오히려 놓치고 있던 생활의 지혜를 배우고, 제철 재료가 가진 참맛을 고스란히 즐기는 삶입니다. 많은 분들이 마크로비오틱 식생활을 실천하며, 마크로비오틱이 '건강식'이라는 틀을 넘어 자연스럽고 지혜로운 삶의 방식으로 자리 잡기를 바라는 마음입니다.

누구나 처음부터 잘하는 것은 아니니, 시작은 서투를 수도 있습니다. 하지만 서투르더라도 조금씩 천천히 꾸준히 노력하다 보면 어느덧 삶은 달라져 있습니다. 때문에 꾸준한 실천과 응용을 돕고자, 이 책에서는 가끔 해 먹을 만한 새로운 맛의 요리나 손이

가는 음식 대신, 수수하더라도 구하기 쉬운 재료를 사용해 일상 속에서 만들기 좋은 집밥 메뉴들을 소개했습니다.

저의 요리 수업의 두 번째 시간에는 재미있는 광경을 볼 수 있습니다. 첫 시간에 배운 대로 현미밥을 지어보았는데 밥을 태워버렸다며 속상해하는 분이 있는가 하면, 밥 짓기에 성공한 분은 그 팁을 공유하며 서로 친해지기도 합니다. 이렇게 다른 수강생들과 팁을 공유하기도 하고, 다시 배운 대로 몇 번 정도 밥을 짓다 보면 어느덧 꾸준히 일상 속에서 현미밥을 지어 먹게 됩니다. 물론, 복습을 하지 않는 분들도 있습니다. 그런데 신기하게도 수업에서는 의욕이 넘쳐도 복습을 하지 않는 분들은, 이내 일상 속에서는 수업을 듣기 전과 다를 바 없는 생활로 돌아갑니다. 이처럼 시작을 해본 사람과 시작조차 하지 않은 사람의 차이는 큽니다. 때문에, 마크로비오틱을 일상에 들여오고 싶다면 아니, '식생활을 바꿔보고 싶다'는 마음이 조금이라도 있다면, 오늘부터 마크로비오틱 집밥 생활을 시작해보기를 바랍니다. 근사한 밥상을 차릴 필요는 없습니다. 우선 밥을 현미밥으로 바꾸는 것부터 시작해보면 어떨까요. 그 뒤 재료를 남기는 부분 없이 꼼꼼히 사용해보고, 제철 재료를 사용해보며 시도하는 범위를 늘리는 것도 좋습니다. 그 과정에서 몸과 마음의 편안함을 느끼고, 주방을 통해 자연과 조화하는 삶을 만들어나가는 개인이 많아지기를 바라는 마음입니다.

일러두기

1 계량

이 책에서 사용한 '작은술'은 5ml를, '큰술'은 15ml를 말하며, '컵'은 200ml를 말합니다. 그러나 이 책의 레시피에서는 작은술, 큰술, 컵 이외의 g, ml와 같은 정확한 계량과 '~분 볶는다'와 같은 정량적인 표현은 자주 등장하지 않습니다. 대신에 '우엉의 흙 향이 사라지면 다음 재료를 넣는다' 또는 '재료가 반 잠길 정도의 물을 넣는다'와 같은 표현으로 설명했습니다. 때문에 이 레시피를 처음 접하는 분들은 난감해하기도 하지만, 오히려 정량적인 표현으로는 레시피를 정확하게 전달할 수 없습니다. 그날 사용하는 재료가 얼마나 단단한지, 불은 얼마나 세게 잡았는지, 그날 내가 원하는 식감이 어떠한지가 늘 다르기 때문입니다. 가장 정확한 레시피는 요리에 필요한 감각을 정확하게 전달한 레시피이며 가장 탁월한 계량도구는 스스로의 오감입니다. 이 책에서 제안하는 레시피는 어디까지나 참고용으로 사용하고, 때로는 냄비에 코를 박아가며 냄새를 맡고, 또 때로는 달군 팬에 당근을 넣을 때의 소리에 귀 기울이는 등, 오감을 통해 마음껏 재료와 소통하며 자신의 입맛에 쏙 맞는 레시피로 승화시키기를 바랍니다. 재료를 바라보고 만지고 향을 맡는 과정 속에서 조금 더 주방, 재료와도 친해질 수 있을 것입니다.

2 조미료

이 책에서 만든 요리에 사용하는 간장, 된장 등의 기본 조미료는 인공첨가물이나 화학적인 정제 과정 없이 전통제법으로 만든 것들입니다. 각종 첨가물이 섞여 있지 않기 때문에 같은 양을 사용해도 시중에서 쉽게 구할 수 있는 기본 조미료보다 간이 강할 수 있습니다. 사용한 조미료의 정보에 대해서는 207쪽에서 자세하게 소개했습니다.

3 도움이 되는 조리 도구

도자기 절구와 나무 공이

깨, 구운 씨앗류, 견과류를 갈거나, 된장국에 넣을 된장을 갤 때 사용합니다. 깨, 씨앗류, 견과류는 푸드프로세서에 갈아도 되지만, 절구에 꼭꼭 눌러 갈면 한층 더 고소해집니다. 된장국이나 나물을 무칠 때에도 된장을 절구에 갈아 사용하는데, 콩 입자를 잘게 으깬 만큼 식감도 좋아지고, 국과 나물의 간을 골고루 맞추기 쉬워집니다.

압력밥솥

밥은 압력밥솥 또는 무거운 냄비에 짓습니다(밥 짓는 방법은 25쪽을 참고). 압력밥솥은 단호박, 고구마, 감자 등을 찌거나 단단한 곡식을 익힐 때에도 요긴하게 쓸 수 있습니다. 압력밥솥은 크고 무겁다고 생각하는 사람도 많지만, 4인 이하의 가정이라면 2L 정도의 용량으로도 충분합니다. 4~5인분 정도의 밥도 지을 수 있고, 크고 무겁지 않아 수납과 설거지도 편합니다.

이중 뚜껑 도자기 냄비 또는 주물 냄비

낮은 온도에서 천천히 짓는 것이 맛있는 현미 밥을 짓는 포인트입니다. 때문에 냄비에 밥을 지을 때에는 열전도율이 낮은 도자기로 만든 이중 뚜껑 냄비나 주물 냄비를 사용합니다(밥 짓는 방법은 27쪽을 참고). 이중 뚜껑 도자기 냄비는 끓어도 밥물이 쉽게 넘쳐흐르지 않아 편하고, 보온 기능도 뛰어납니다. 개성이 강한 요리에 사용하면 재료의 향과 색이 냄비에 밸 수 있으니 밥 짓는 용도로만 사용하는 것이 무난합니다. 한편, 주물 냄비는 밥물이 넘쳐흐르기도 하고, 이중 뚜껑 밥솥만큼 보온이 잘 되지는 않지만, 커리, 스튜 등의 걸쭉한 국물 요리나 조림 요리에도 사용할 수 있으며 인덕션에도 사용할 수 있다는 장점이 있습니다.

바닥이 두툼한 냄비

약한 불에서 천천히 볶았을 때 살리고 싶은 맛은 살고, 숨기고 싶은 맛은 숨길 수 있는 채소도 많습니다. 조림 요리도 마찬가지로, 약불에서 은근히 조려야 재료에 맛이 더 잘 듭니다. 때문에, 바닥이 두툼하고 묵직해 열전도율이 낮은 냄비를 장만해두면, 한층 더 맛있는 채소 요리를 즐길 수 있습니다. 스테인리스 냄비에 비유하면, 3중은 조금 아쉽고, 5중 정도가 충분합니다.

4 채소의 깊은 맛을 살리는 조리법

동물성 재료 없이 깊은 맛이 날까 걱정도 되겠지만, 몇 가지 팁만 기억해두면 기본적인 조미료만으로도 채소 본연의 깊은 맛을 극대화시킬 수 있습니다. 오히려 고기, 생선으로 덮기 아쉬울 정도입니다. 채소의 깊은 맛을 살리는 방법은 크게 나누면 재료의 맛을 끌어내기와 끌어낸 재료의 맛을 잃지 않게끔 지켜주기, 이 두 가지로 생각할 수 있습니다.

재료의 맛 끌어내기

1) 채소는 순서대로 볶는다.

채소마다 익는 데 걸리는 시간이 다르고, 맛을 끌어내기에 적합한 가열 온도가 다릅니다. 또한, 충분히 볶아야 살리고 싶은 맛을 살리고 감추고 싶은 맛은 감출 수 있는 채소도 있으니, 여러 가지 채소를 한 냄비에서 볶을 때에는 재료를 한 번에 볶지 않고 순서대로 볶습니다. 또한, 다음 채소를 넣을 때에는 새로 넣는 재료가 냄비 바닥에 닿을 수 있게끔, 먼저 넣은 채소를 냄비 한편으로 밀어낸 뒤 넣고, 먼저 볶던 채소로 새로 넣은 채소를 덮습니다.

새로 넣은 채소는 위아래에서 충분히 열을 받고, 먼저 넣은 채소는 과하게 열을 받지 않아 재료가 골고루 익습니다.

2) 자주 뒤적이지 않는다.

특히 볶는 요리를 할 때, 채소를 지나치게 자주 뒤적이면 팬 안의 온도가 낮아지며 재료 안에 가둬두고 싶던 맛있는 수분이 재료 밖으로 빠져나와 버립니다. 뿐만 아니라 식감도 질척해집니다. 재료가 충분히 열을 받을 때까지 기다린 뒤 뒤적이며, 재료를 뒤적일 때에는 재료가 골고루 열을 받을 수 있게끔 양 옆으로 뒤적이는 것이 아니라, 위아래를 뒤집어엎듯 뒤적입니다.

3) 소금을 적극 활용한다.

재료에 소량의 소금을 뿌려두면 채소가 머금고 있던 수분이 빠져나오며 생채소 특유의 냄새를 제거하기 쉽습니다. 당근, 양배추와 같이 단단하고 생채소 향이 강한 채소로 샐러드를 만들 때에도 가늘게 썰어 소금을 뿌린 뒤 가볍게 짜내면 식감도 좋아지고 생채소 특유의 풋내를 줄일 수 있습니다.

걸쭉한 수프나 조림 요리처럼 뭉근하게 끓이는 요리를 할 때에도 재료가 머금고 있는 수분을 빼내고 재료의 단맛을 더 살리기 위해, 채소에 소량의 소금을 뿌리고 뚜껑을 덮어 약불에서 찌듯 익힌 뒤 채수나 물을 부어 끓입니다.

재료의 맛 지키기

1) 데친 채소는 물에 담그지 않는다.

나물이나 브로콜리 등의 채소를 데친 뒤, 색감과 아삭한 식감을 유지하기 위해 바로 냉수에 담그기도 하지만, 데친 채소는 물에 담그지 않고 그대로 채반에 펼쳐 식힙니다. 냉수에 담그면 채소 본연의 맛이 물로 빠져나가 맛이 연해지기 쉽습니다. 채소에 남은 열 때문에 과하게 익지 않을까 걱정되겠지만 넓은 채반에 펼쳐 식히면 생각보다 금방 식습니다. 단, 머위, 두릅 등 쓴맛이 강한 채소는 쓴맛을 제거하기 위해 물에 담가두기도 합니다.

2) 마른 재료도 물에 담그지 않는다.

무말랭이, 해조류, 곡류 등 미리 물에 담가 부드럽게 불린 뒤 사용하는 재료도 물에 담가 불리면 본연의 맛이 물로 빠져나가기 쉽습니다. 이렇게 말려둔 재료도 물에 담그지 않고, 가볍게 물에 씻고 체에 밭쳐 부드러워질 때까지 기다린 뒤 사용합니다. 단, 버섯, 말린 나물, 콩류처럼 아주 단단하게 마른 것들은 예외입니다.

자연과 가까워지는 요리법

첫 번째, 버리지 않고 요리하기

나에게 생명을 주어서 고마워

저에게 수세미는 식사 후 설거지를 위해 필요한 도구일 뿐 아니라, 요리를 시작하기 전 재료를 손질할 때부터 필요한 도구입니다. 매끈한 토마토든, 흙이 잔뜩 묻은 당근이든, 먹을 수 있는 부분은 흔히들 버리는 껍질이나 뿌리도 버리지 않고 먹기에, 재료를 깨끗하게 손질하는 것은 제 요리에 빼놓을 수 없는 순서입니다. 그러니 채소를 씻기 위한 도구도 용도에 맞춰서 준비합니다. 생강 틈이나 시금치의 뿌리에 가까운 부분에 낀 흙을 씻어낼 때에는 칫솔, 당근의 흙을 씻어낼 때에는 잘라서 펼친 천연 수세미를, 연근에 붙은 진득한 진흙을 씻어낼 때에는 힘이 좋은 채소솔을 사용하는 것처럼요.

어느 요리 다큐멘터리에서 유럽 정육 장인의 인터뷰를 보았습니다. 그는 육류 중에서도 내장, 귀, 발 등 이른바 '특수 부위'라 불리는 부위를 사용해 소시지나 햄을 만드는 사람이었는데, 자신의 요리 철학에 대해 답하며 '생명을 준 재료에 대한 경의를 표하는 방식은 남김없이 사용하는 것'이라는 한마디를 남겼습니다. 식물도 마찬가지입니다. 잎, 줄기, 뿌리까지 모두 연결된 하나의 개체일 때 비로소 당근이 되는 것이지, 잎만으로 또는 뿌리만으로는 당근의 생명력을 모두 갖고 있지 않습니다. 음식을 먹는다는 것은 자연에서 자신의 삶을 살아가던 재료의 생명력을 내 몸으로 받아오는 과정입니다. 누군가의 생명을 받았으니, 버리지 않고 먹는 것이 그 생명력을 온전히 얻어 오는 길이며, 나에게 생명을 준 누군가에 대한 예의입니다.

자연과 연결되는 식탁 위의 작은 실천

플라스틱, 비닐 쓰레기에 대해서는 경각심을 갖고 줄이려는 노력을 하는 사람이 부쩍 늘었습니다. 한편, 음식물 쓰레기는 그만큼 주목을 받고 있지 않지만, 음식물도 버려진 이상, 수집과 처리에 비용과 에너지가 드는 쓰레기입니다. 일반 가정에서 만드는 음식물 쓰레기 양이라고 과소평가할 수도 있지만, 우리나라의 경우 음식물 쓰레기의 70%가 일반 가정과 소형 음식점에서 버린 것입니다. 평균적으로 4인 가족이 1년 동안 버리는 음식물 쓰레기가 만들어내는 온실가스는 승용차 한 대가 부산과 서울을 약 다섯 번 왕복하면서 만드는 양과 흡사합니다. 자연으로 돌아갈 것이라 생각하고 무심코 버린 음식물 쓰레기가 자연으로 돌아가기는커녕 자연을 오염시키고 있는 격입니다.

소화와 흡수에 무리가 되지 않는 부분이라면 버리지 않고 먹는 마크로비오틱 요리를 하다 보니 저의 주방은 다른 집에 비해 월등히 음식물 쓰레기가 적습니다. 6명 이상의 요리 수업을 해도 음식물 쓰레기가 한 줌 나올까 말까 한 날이 많습니다. 애써 재료의 껍질이나 뿌리를 벗기고 도려내던 과정을 생략하고 일용할 양식을 만들 뿐인데, 알게 모르게 환경에 주는 부담을 줄이고 있었습니다. 재료를 생명으로 대하고 남김없이 사용하는 마크로비오틱 요리법은 도시의 식탁 위에서도 자연과 연결될 수 있는, 아주 사소하면서도 확실한 한 가지 방법입니다.

죽은 쌀과 살아 있는 쌀

식탁보를 깔고 꽃을 준비해두는 대신, 저의 마크로비오틱 요리교실에서는 수업 전에 우선 현미를 씻습니다. 학기 도중에 합류한 신참 수강생들도 현미밥 짓기는 필수로 알아야 하니, 일찍 오거나 남아서 보강을 하는 수고를 해야 합니다. 간혹, 백미밥 짓는 방법에 대한 질문을 받거든, 순해 보이던 병아리 선생님도 단호박이 되어 이곳은 현미로 밥을 짓는 곳이니 백미밥 짓는 방법은 알려주지 않는다고 선을 긋습니다.

쌀의 껍질을 벗겨낸 백미는 물에 담가두어도 천천히 썩어갈 뿐, 싹은 나지 않습니다. 껍질까지 붙어 있는 본연의 모습을 잃은 만큼, 생명력도 잃은 상태이기 때문입니다. 하지만, 쌀 낱알 본연의 모습을 갖춘 현미는 물에 담가두면 싹이 나, 발아현미가 됩니다. 쌀 한 톨만을 놓고 보아도, 원래의 모습에 가까우면 가까울수록 재료는 본연의 생명력을 갖고 있고, 이 때문에 마크로비오틱 식생활의 주식은 찹쌀도 백미도 섞지 않은 100% 현미밥입니다.

오늘부터 시작하는
소화가 잘 되는 현미밥 짓기

'현미는 거칠어서 소화가 잘 되지 않는다.', '몸에 현미가 맞지 않는 것 같다.'라는 이야기도 수없이 들어왔지만 대부분의 경우, 제대로 현미밥을 지을 줄 모를 뿐이었습니다. 수업에서 제대로 지은 현미밥을 먹어본 이들은 찹쌀이라도 섞었냐며 놀라움을 금치 못합니다. 게다가 쌀을 불리지 않았는데도 부드러운 밥을 지을 수 있습니다. 불리지 않은 만큼 곡식 본연의 달콤함을 유지하고 있어 그 맛도 좋습니다.

밥을 짓는 도구는 크게 나눠 압력밥솥과 무거운 냄비(주물 냄비 또는 도자기 냄비), 두 가지가 있습니다. 압력밥솥에 지은 밥은 찰기가 있고 묵직하며, 무거운 냄비에 지은 밥은 고슬고슬하고 가볍습니다.

현미밥을 맛있게 짓는 포인트는 현미를 잘 달래주는 것입니다. 찬장에서 잠들어 있던 현미를 깨워내, 박박 씻고, 센 불에 팔팔 끓여서는 현미가 맛있는 밥이 될 준비를 할 수 없습니다. 어린 아이를 목욕시키는 마음으로 밥을 짓습니다.

둘째로, 소금을 소량 넣어주는 것입니다. 현미를 3컵 짓는다면 3/10작은술의 소금을, 4컵 짓는다면 4/10작은술의 소금을 넣어 짓습니다. 소금의 짠맛은 느껴지지 않지만, 한층 더 부드러워집니다.

압력밥솥에 짓기

만드는 과정

1. 현미 씻기
볼에 물과 현미를 담고 양손으로 현미를 비비듯 부드럽게 씻는다. 박박 때를 밀듯 씻으면, 현미의 껍질이 벗겨질 수 있다. 어린아이를 조심스럽게 씻겨주듯, 부드럽게 현미를 비벼가며 씻는다. 물을 버리고 이 과정을 두세 번 정도 반복한다. 깨끗하게 씻은 현미는 체에 받치고 물기가 완전히 빠지도록 체를 기울여 둔다.

2. 현미밥 짓기
1. 물기가 빠진 현미를 압력밥솥에 물, 소금과 함께 넣고 압력밥솥의 뚜껑을 닫는다(압력밥솥에 압력조절 기능 또는 밥짓기 기능이 있다면, 고압 또는 밥짓기 기능을 선택한다).

2. 아주 약한 불에서 적어도 30분 가열한다. 사람도 적당히 기분이 좋을 정도로 미지근한 물에서 목욕을 해야 때를 벗길 준비가 되는 것처럼, 현미도 껍질을 벗고 부드러운 밥이 되려면 약한 불에서 반신욕을 시켜주어야 한다. 냄비 안에서 반신욕을 하고 있을 현미를 상상하며 불은 꺼질 듯 약하게 두고 적어도 30분은 기다려준다.

재료 6~7인분
현미 3컵(한 컵에 200cc)
물 현미의 약 1.3배
소금 3/10작은술

3 30분 정도 따뜻한 불을 때주었다면, 지금부터가 시작. 불을 강불로 올려 압력을 채운다. 압력이 차고 증기가 올라오면 이제 현미가 때를 벗을 준비가 되었다는 신호. 밥 짓는 냄새가 날 정도로 1분 정도 그대로 둔 뒤, 불을 다시 아주 약한 불로 낮춰 30분 이상 가열한다(압력이 차 있는 상태를 유지한다). 이 30분 동안 현미가 껍질을 벗고 부드러운 밥으로 변신한다. 30분이 지나면 강불로 올려 증기가 날 때까지 가열한 뒤 불에서 내린다.

4 불에서 내려 압력이 빠질 때까지 기다린다.

5 압력이 빠지면 바닥 부분과 밥 윗부분을 골고루 섞는다.

무거운 냄비에 짓기

만드는 과정

현미를 씻는 방법은 압력밥솥에 지을 때와 동일하다. 밥을 짓는 시간과 물의 양만 다르다. 사용하는 냄비는 이중 뚜껑 도자기 냄비나 주물 냄비처럼 무거운 것을 사용한다. 끓어도 밥물이 쉽게 넘쳐흐르지 않아 편하고, 보온 기능도 뛰어나, 이중 뚜껑 도자기 냄비를 즐겨 사용한다. 이중 뚜껑 도자기 냄비를 사용할 때에는 현미 양의 1.5배 정도의 물을 넣고, 주물 냄비를 사용할 때에는 1.7배 정도의 물을 넣고 짓는다.

1 물기가 빠진 현미를 물, 소금과 함께 넣고 뚜껑을 닫는다.

2 아주 약한 불에서 적어도 30분 가열한다(물은 끓지 않는다).

3 30분 정도 따뜻한 불을 때주었다면, 불을 강불로 올려 불을 끓인다. 불이 끓으면 쌀이 설익은 냄새가 줄어들 때까지 1분 정도 그대로 둔 뒤, 불을 다시 아주 약한 약불로 낮춘다. 증기가 잦아들고, 강하게 끓지 않으면 50분 이상 가열한다.

재료 6~7인분

현미 3컵(한 컵에 200cc)
물 현미의 약 1.5배~1.7배
소금 3/10작은술

4 50분이 지나면 뚜껑을 열고 밥을 살짝 들춰 상태를 확인한다. 밥이 바닥에 눌러붙지 않고 아직 수분이 많다면 5분~10분 정도 더 둔다. 밥이 바닥에 살짝 눌러붙어 있으며 보송하게 익어 있다면 불에서 내린다. 바닥 부분과 밥 윗부분을 골고루 섞은 뒤 뚜껑을 덮어 10분 이상 뜸 들인다.

재료를 씻는 시간은 재료와 친해지는 시간

한참 커피를 즐기던 시절에는, 한 잔 커피가 얼마 지나지 않아 차갑게 식었을 때 비로소 겨울이 오고 있음을 실감하곤 했습니다. 커피와는 멀어지고, 요리와 가까워진 지금, '아, 이제 정말 겨울이 왔구나' 하고 생각하는 순간은, 채소를 씻을 때입니다. 차가운 물에 맨 손을 담그며 뿌리채소를 씻기에 제법 손이 시리다 싶으면, 어느덧 붉게 물들었던 나뭇잎은 떨어져 있고, 집 근처 트럭에서는 호떡과 귤을 팔고 있습니다.

세상은 참 살기 편해졌습니다. 잠들기 전에 스마트폰 어플로 주문한 음식이 새벽에 집 앞에 도착해 있고, 손을 호호 불어가며 채소를 씻는 수고를 하지 않아도, 누군가가 씻어준 채소를 살 수 있습니다. 심지어 손질하고 껍질까지 벗겨준 양파도 살 수 있습니다(살기 편해진 건지, 일 이외의 활동에 쓸 시간을 조금이라도 줄이게끔 세상이 바뀐 건지는 의문이지만). 하지만, 30대 초반의 병아리 요리 선생님 주제에 조금 고지식한 저는 여전히 씻어서 채 썬 우엉보다는 통우엉을 사고, 꼭지를 떼고 씻어둔 세척 당근보다는 흙이 잔뜩 묻은 당근을 삽니다.

버리는 부분을 최소화하며 재료를 사용하기 위해, 공들여 채소를 씻는 과정이 귀찮아 보이기도 하겠지만, 이 시간을 가져오며 조금 더 재료와 친해졌습니다. 당근은 가로로 고운 결이 있다는 것을, 우엉의 껍질이 생각보다 여리다는 것은 직접 그 아이들을 목욕시켜 본 사람만이 알 수 있습니다. 아 참, 미나리는 각선미를 자랑하는 체하지만, 마디마다 꽤나 굵은 수염을 갖고 있습니다. 길쭉한 잎이 멋들어진 공심채도 마찬가지입니다. 이렇게 재료와 친해지면 이 아이들을 어떻게 요리할지에 대해서도 한 번 더 생각해 볼 수 있습니다. 우엉 조림을 만들어본 적이 있다면, 아마도 흙을 씻어내겠다며 박박 닦았거나, 이마저도 귀찮아 껍질을 벗긴 우엉채를 사서 만든 경험이 대부분일 것입니다. 하지만, 우엉은 단단해 보이는 겉모습과 달리 껍질이 꽤나 연해, 문질러 닦다 보면 껍질은 온데간데없이 사라집니다. 껍질이 품은 우엉 본연의 달큰한 향을 잃게 되니, 껍질을 벗긴 우엉으로 요리를 할 때에는 조청이며 참기름 등 불필요한 조미료를 더하게 됩니다. 하지만 아이 목욕시키듯 부드럽게 씻어내고 껍질째 채 썬 우엉으로는 오직 소량의 기름과 물, 간장만으로도 달큰한 우엉조림을 만들 수 있습니다.

 노지 시금치는 또 어떤가요. 시금치라면 여린 채소이니 데칠 때에도 끓는 물에 아주 잠시만 넣었다가 건져낸다고들 알고 있습니다. 하지만 겨울철의 노지 시금치는 꽤나 줄기가 단단해, 다른 철의 시금치를 다루듯 잠시 데쳐내었다가는 풋내가 나 먹기 힘듭니다. 다른 시금치보다 땅딸막해 구석구석 낀 흙을 조금 더 섬세하게 씻어주어야 하는 만큼, 직접 손질해보지 않았다면, 이 채소를 어떻게 요리해야 하는지도 몰랐겠지요.

 때론, 감자칼로 껍질을 휘릭 벗기고, 흙이 잔뜩 묻은 꼭지는 숭덩 썰어내고 싶겠지만, 대충 다루다 보면 재료와는 영원히 친해질 수 없습니다. 내 손으로 맛있는 음식을 만들기도 어려워집니다. (덜 데친 시금치 무침을 맛본 이는 다시는 시금치 무침을 먹고 싶어 하지 않습니다.) 버리는 부분 없이 먹기 위해서가 아니라, 음식을 맛있게 만들기 위해서도 꼼꼼히 재료를 씻고 알아가는 과정은 반드시 필요합니다.

채소를 어떻게 씻고 손질할까

우선 채소의 생김새를 들여다봅니다. 대부분 뿌리채소의 껍질은 가로로 결이 나 있습니다. 이 결을 따라 씻으면 조금 더 꼼꼼하게 흙을 씻어낼 수 있습니다. 또한 흐르는 물에 씻는 대신, 물을 담은 볼에 채소를 담그고 씻으면 물을 절약하는 데도 도움이 됩니다.

다음은, 줄기와 잎을 먹는 채소. 땅에서 가까운 부분은 물론 줄기와 줄기 사이에도 흙이 많이 묻어 있습니다. 물을 담은 볼에 채소를 담그고, 줄기와 줄기 사이를 벌려가며 칫솔 또는 손으로 꼼꼼히 씻습니다. 흐르는 물에 잎이 꺾일수록 채소에 상처가 나 풋내가 나는 경우도 있으니, 뿌리채소와 마찬가지로, 흐르는 물에 씻지 않습니다. 뿌리는 흙이 많이 묻은 부분만 가볍게 칼로 도려냅니다.

추천하는 도구

1) 칫솔

사람의 잇몸에 상처를 내지 않으면서도 이 사이를 꼼꼼하게 닦을 수 있게 만들어진 만큼, 칫솔을 사용하면 파인 홈에 낀 흙이나 여린 채소도 깨끗하게 씻어낼 수 있습니다. 특히 생강, 돼지감자처럼 홈이 많은 채소나 연근의 마디 사이 등을 닦을 때 유용합니다.

시금치, 얼갈이 등 초록색 채소의 줄기 사이를 닦을 때에도 좋습니다.

2) 천연 수세미

찾아보면 채소 전용 솔도 있지만, 천연 수세미를 적극 추천합니다. 물에 적셔 사용하면 손에 쥐기도 편하고, 채소에 상처를 내지 않으면서도 꼼꼼하게 닦기에 딱 알맞을 만큼만 거칩니다. 잘 마르니 깨끗하게 관리하기에도 좋고, 자연으로 돌아가는 천연 소재이니 환경에도 친절합니다. 뿌리채소, 열매채소 등을 닦을 때에 특히 좋습니다.

3) 면 행주

채소 중에는 껍질에 상처가 나기 쉽거나 민감한 채소도 있습니다. 예를 들어, 우엉은 단단해 보이는 겉모습과 달리, 껍질에 상처가 쉽게 납니다. 이런 채소는 물을 담은 볼에 담그고 손으로 가볍게 씻은 뒤, 적신 면 행주를 사용해 결을 따라 살살 씻습니다. 한편, 버섯은 스펀지처럼 쉽게 수분을 빨아들여 물로 씻으면 식감이 눅눅해지기 쉬우니, 마른 천으로 먼지를 털어내듯 닦습니다.

채소용 천을 한두 장 마련해두면, 이 밖에도 다시마나 표고버섯 등 마른 재료를 닦을 때에도 쓸 수 있고, 씻은 채소의 물기를 제거할 때에도 유용합니다.

재료 손질법

재료를 손질할 때에도 먹을 수 있는 부분은 최대한 살려서 손질합니다.

1) 양파

겉껍질을 벗기고, 뿌리, 꼭지는 먹지 못할 정도로 거친 부분만 도려내 사용합니다.

2) 당근

결을 따라 수세미, 칫솔 등으로 씻고 껍질째 사용합니다. 흙이 묻어 있기 쉬운, 움푹하게 파인 꼭지만 칼끝으로 도려내고, 가느다란 잔뿌리도 모두 사용합니다.

3) 오이

쓴맛이 나기 쉬운 꼭지도 약간의 전처리를 해주면 맛있게 먹

을 수 있습니다. 가시가 나 있고 거친 위아래의 꼭지만 짧게 도려낸 뒤, 꼭지의 단면과 몸통의 단면을 서로 비비면 하얀 분비물이 나오며 쓴맛을 줄일 수 있습니다.

4) 얼갈이, 시금치 등

얼갈이는 뿌리와 심에 깊은 맛이 배어 있고, 시금치 역시 뿌리에 가까울수록 더 달콤하니, 뿌리도 버리지 않습니다. 깨끗이 씻고, 뿌리 근처에 흙이 지나치게 많은 부분만 도려낸 뒤 사용합니다.

5) 양배추

단단한 양배추의 심도 얇게 저미면 부드럽게 먹을 수 있습니다. 양배추 잎과 비슷한 두께로 슬라이스한 뒤, 용도에 따라 채 썰거나 다져서 사용합니다.

셀러리 잎은 정말 먹지 못하는 걸까?

'이 부분은 못 먹으니까 안 써요.'
'이건 안 먹는 거예요.'

요리 프로그램이나 레시피 영상을 보면 재료를 손질하며 이런 말을 종종 듣습니다. 셀러리 잎이나 무, 당근의 껍질, 버섯 기둥 등이 그 주인공이 될 때가 많습니다. 하지만, 한 가지 의문이 듭니다. 셀러리 잎, 무와 당근의 껍질, 버섯 기둥은 정말 못 먹는 걸까요?

물론, 마크로비오틱을 실천하는 저도 하나도 버리지 않고 다 먹는 건 아닙니다. 저의 수업에서 버리는 식재료란 '사람이 소화, 흡수시키지 못하는 부분'입니다. 콜라비 껍질이나, 포도 줄기 같은 부분은 아무리 위장이 튼튼한 사람도 소화시키기 어려우니, 자연으로 돌려보냅니다. 이처럼 좀처럼 소화시키기 어려운 부분까지 무리해서 먹는 것이 아니라, 쌀의 껍질을 벗긴 백미보다는 현미를 먹는다던가, 먹을 수 있는데도 버리고 있는 셀러리 잎, 버섯 기둥, 단호박 껍질 등도 사용하는 것을 생각해보면 좋습니다.

버리기에 아까워서 먹는 것도 아닙니다. 동물에게 눈은 시야를 확인하기 위한 부위이고, 발은 이동과 균형을 유지하기 위한 부위입니다. 동물과 마찬가지로 채소도 부위마다 역할이 다릅니다. 그만큼 각 부위마다 다른 맛과 향을 지니고 있고, 어울리는 조리법도 다를 뿐입니다. 셀러리의 잎은 다른 잎채소보다 힘이 좋고 향이 강합니다. 그만큼 기름에 볶거나 부침개나 튀김 등에 잘게 썰어 넣으면 기름의 느끼한 맛을 잡아주고, 은은한 향도 매력적입니다. 뿐만 아니라 크로켓이나 만두의 속재료로도 활약합니다. 많이 남거든 한 번 데친 뒤 얼려서 보관해둘 정도로 아끼는 재료입니다. 대파의 푸른 부분도 비슷하게 사용하면 좋습니다. 브로콜리의 흰 줄기도 마찬가지로, 질기다는 이유로 남기기 쉽지만, 초록빛 꽃 부분보다 고소한 맛이 진해, 스프를 만들 때 브로콜리 줄기가 빠지면 무언가 부족한 스프가 되어버립니다. 게다가 짙은 녹색 부분만 사용하는 것보다 줄기도 사용하면, 더 먹음직스러운 연한 빛깔의 스프를 만들 수 있습니다. 어차피 갈아버릴 테니, 질긴 껍질을 벗길 필요도 없습니다. 한편, 옥수수가 맛있는 철이면, 옥수수알을 떼내어 옥수수밥을 짓곤 하는데, 수염과 심도 버리지 않고 사용합니다. 옥수수 심에서도 맛있는 국물이 나와 맛이 더 좋아지고, 옥수수 수염은 불필요한 수분을 배출하는 데 도움이 되는 식재료입니다. 이렇게 부위별로 재료의 특성을 알아가고, 이 재료의 맛을 가장 잘 살린 요리를 연구하는 과정은 퍼즐 맞추기처럼 즐거운 일입니다.

하지만 모두가 머리를 싸매고 흔히들 버리는 부분을 사용하기 위해 연구할 필요는 없습니다. 우리나라에서 오래전부터 사용해온 식재료에는, 재료를 최대한 활용하고자 했던 조상들의 지혜가 깃들어 있습니다. 봄이면 특유의 쌉쌀함이 입맛을 돋우는 머윗잎이 별미입니다. 초봄의 머위순부터 시작해 잎이 커지면 데치거나 쪄서 쌈을 싸먹고, 초여름에는 도톰해진 줄기를 먹을 수 있는 머위는 우리에게 버릴 것 없는 식재료입니다. 하지만 이웃나라

일본에서는 똑같이 머위를 먹지만, 주로 줄기를 먹습니다. 우리가 '셀러리 잎은 먹지 않는 것'이라며 버리는 것과 마찬가지로 머윗잎 역시 그들에게는 먹지 않는 것입니다. 누군가에게는 버리는 부분이었던 머윗잎을 우리 조상은 버리지 않고 남김없이 먹기 위해 씁쓸한 맛을 빼내는 조리법을 연구하고, 어울리는 양념장을 개발해 왔습니다.

우리나라에서는 먹을 만한 널찍한 잎이라면 질긴 부분만 손질해내고 데쳐서 쌈을 싸 먹습니다. 봄의 머윗잎에서 시작해, 호박잎, 연잎 등. 이렇게 데친 채소는 강된장에 밥을 비빌 때에 곁들이기도 하고, 밥을 싼 채로 쪄내 그 향을 밥에 더하기도 합니다. 잎에서 끝나지 않습니다. 여름이면 엄지손가락을 검게 물들여가며 껍질을 벗겨내 고구마 줄기까지 먹고, 가을이 끝나갈 무렵 무청도 버리지 않고 갈무리해두었다가 채소가 부족해지는 겨울철의 식재료로 사용하는 지혜까지 발휘했습니다.

일본에서 요리를 배웠지만, 일본에서 배운 마크로비오틱 요리를 우리의 음식 문화에 맞춰서 재해석할 때마다, 조상들의 지혜에 감탄합니다. 우리 조상들은 이렇게 재료를 머리부터 발끝까지 이해하고, 각 부분의 특성을 가장 잘 살릴 수 있는 요리법을 만들어 왔습니다. 재료를 남기지 않고 사용하는 요리는 먼 곳에서 새로 들어온 문화가 아닌, 이미 우리 옆에 뿌리내린 익숙한 문화입니다.

오늘부터 시작하는
버리지 않는 마크로비오틱 요리

셀러리 잎 전

만드는 과정

1 모든 재료를 가늘게 채 썬다. 채 썬 채소를 한 볼에 넣고 소금 한두 꼬집과 통밀가루, 전분을 넣고 골고루 버무린다.

2 가루가 채소를 골고루 코팅하면, 물을 조금씩 넣어가며 가루가 덩어리지지 않게 살랑살랑 버무리며 반죽한다.

3 팬을 중불로 달군 뒤 기름을 넉넉히 두른다. 전 반죽을 조금씩 올린 뒤, 얇게 펼친다. 아랫면이 노릇하게 익으면 뒤집어 반대면도 익힌다. 전이 익으면 기름을 빼고 그릇에 담는다.

재료 3~4인분

셀러리 잎 크게 한 줌(50g 정도)
당근 약 2cm
양파 1/8개
통밀가루 3.5큰술
전분 1큰술
물 1/4컵 정도
소금 한두 꼬집

Tips

갓 익힌 전이나 튀김을 바로 기름종이 위에 올리면 눅눅해지기 쉽고 오히려 기름이 쉽게 빠지지 않는다. 채반, 튀김망 등 통풍이 잘되는 곳에 잠시 올려 여분의 수분을 날린 뒤 기름종이에 얹어 기름을 뺀다.

브로콜리 포타주

만드는 과정

1 양파는 결을 따라 가늘게 채 썰고, 브로콜리는 줄기를 얇게 슬라이스하고, 초록색 꽃 부분은 작게 썰어둔다. 줄기가 지나치게 단단하다면 껍질을 벗긴다.

2 냄비를 약불에 달궈 기름을 두르고 양파와 소금 한 꼬집(분량 외)을 넣고 뚜껑을 덮어 뭉근하게 익힌다.

3 양파가 익으면 뚜껑을 열어 매운 냄새를 날린다. 냄비 한편을 비워 브로콜리 줄기와 소금 한 꼬집(분량 외)을 넣고 뚜껑을 덮어 익힌다. 브로콜리 줄기가 반 정도 익으면 물 한 큰술 정도를 넣고 뚜껑을 덮어 증기로 찌듯 익힌다.

4 수분이 졸아들면 채수와 월계수 잎을 넣고 끓인다. 끓기 시작하면 현미밥을 넣고 약불에서 현미밥이 통통하게 불어날 정도로 끓인다.

5 현미밥이 수분을 머금어 통통하게 불어나면 불을 세게 올려 팔팔 끓인다. 남겨두었던 브로콜리 꽃을 넣고 한소끔 끓인다. 브로콜리가 익으면 색이 칙칙해지기 전에 불에서 내린다.

재료 3~4인분

양파 1/3개
브로콜리 큰 것 반 개
다시마 채수 약 두 컵 반
(178쪽 참고)
월계수 잎 한 장
현미밥 1.5큰술
두유 반 컵
소금 1/4~1/2작은술

6   월계수 잎을 건져내고 블렌더 또는 믹서기를
    사용해 곱게 간다. 다시 데우고 따뜻할 때 불
    에서 내려 두유를 넣어 섞는다. 입맛에 맞추
    어 소금으로 간한다.

Tips
1) 월계수 잎 대신, 파슬리, 딜 등 단단해서 사용하지 않았던 허브 줄기나 셀러리 잎을 말리거나 얼려두었다가 사용해도 좋다.
2) 두유는 지나치게 가열하면 몽글몽글하게 단백질이 응고되어 맛, 식감, 모양새가 좋지 않아지니, 모든 조리가 끝나고 불에서 내린 다음 넣는다.

초당옥수수 밥

만드는 과정

1 깨끗이 씻은 현미를 체에 밭쳐 물기를 완전히 빼둔다. 초당옥수수는 심에서 알알이 떼어둔다. 초당옥수수 수염은 곱게 다져둔다.

2 무거운 냄비에 현미를 넣고 밥물을 맞춘다. 물은 평소보다 조금 적을 정도로 넣는다(이중뚜껑 밥솥에 짓는다면 약 1.4배, 주물냄비에 짓는다면 약 1.6배). 알알이 떼어둔 초당옥수수와 수염, 심, 소금을 넣고 평소대로 밥을 짓는다(냄비밥 짓는 방법은 27쪽을 참고한다).

3 다 되면 불에서 내린다. 뚜껑을 열어 옥수수 심을 제거하고, 위아래를 골고루 섞고 뚜껑을 덮어 10분 이상 뜸 들인다.

재료 6인분

현미 2.5컵
물 현미 양의 1.4배~1.6배
초당옥수수 1개
소금 1/4작은술

뿌리채소 조림

일반적으로 설탕이나 조청을 넣어 달큰하게 만드는 우엉조림도 몇 가지 포인트를 기억하면 감미료 없이 만들 수 있습니다. 첫 번째 포인트는 바로 재료의 껍질을 벗기지 않는 것. 우엉, 연근, 당근과 같은 뿌리채소는 껍질에서도 깊은 맛이 나니 껍질째 채 썰어 사용합니다. 두 번째 포인트는 재료를 물에 담가두지 않는 것입니다. 갈변을 방지하기 위해 썰어둔 우엉, 연근을 물에 담가두는 경우가 많은데, 재료 본연의 달콤한 맛이 물로 빠져나가니, 재료를 물에 담그지 않고 칼질을 한 뒤 바로 조리합니다. 세 번째 포인트는 약불에서 우엉 특유의 흙 향이 사라질 때까지 천천히 볶은 뒤 다음 과정으로 넘어가는 것. 기름을 두르고 약불에서 천천히 볶으면 신기하게도 우엉 특유의 산 냄새는 사라지고 마치 우엉차를 끓이는 것과 같은 달큰한 향이 납니다.

만드는 과정

1 우엉과 당근은 이쑤시개 정도 두께로 채 썰고 연근은 반달 모양으로 얇게 슬라이스 한다.

2 약불로 달구고 기름을 두른 냄비에 우엉을 먼저 넣고 우엉 특유의 흙 향이 날아가도록 볶는다.

3 우엉 향이 날아가면 연근을 볶고, 연근이 투명해지면 당근을 넣는다. 당근에 기름이 충분히 둘러지면 재료 반이 잠길 정도의 물을 붓고 뚜껑을 덮어 끓인다. 끓기 시작하면 보글보글 끓을 정도로 불을 낮추고 우엉이 부드러워질 때까지 끓인다.

4 10분 정도 시간이 지나면 우엉을 씹어 식감을 확인한다. 꺼끌꺼끌한 섬유가 남지 않고 충분히 부드러우면 간장을 넣고 중약불에서 수분이 완전히 없어지도록 졸인다.

재료 만들기 쉬운 양

우엉 50~60cm
연근 반 마디
당근 1/3개
물 적당량
간장 2큰술

Tips

간장은 우엉이 충분히 부드러워진 뒤 넣는다. 우엉이 부드러워지기 전에 간장을 넣으면, 아무리 오래 졸여도 질긴 섬유가 남는다.

자연과 가까워지는 요리법
두 번째, 영양제 대신 제철 재료가 주는 에너지를

내 삶을 지탱해주는 제철 밥상

6월의 완두콩은 자랑스럽습니다. 터질 듯 속이 꽉 찬 콩깍지도, 그 안에 꽉꽉 들어찬 연두빛 콩알도 탐스럽기 그지없습니다. 하나하나 콩깍지를 벗기고 완두콩을 손질하고 있노라면, 냉동 완두콩은 따라잡을 수 없는 맛과 식감을 즐길 생각에 가슴이 설렙니다. 12월의 섬초는 또 어떤가요. 보랏빛을 띤 뿌리에 힘이 넘치는 것이, 당장이라도 밭으로 돌아갈 것 같습니다. 이 터프함을 닮아, 향이 강하거나 풋내가 나지는 않을까 걱정되지만, 겉모습과는 달리 꽤나 스윗한 녀석입니다. 12월의 식탁은 미역, 톳 등 바다향을 품은 반찬과 달달한 시금치 반찬이 한데 어우러져 유난히 다채롭습니다.

6월의 완두콩이, 12월의 섬초가 없어도, 봄, 가을이 섭섭하지는 않습니다. 봄에는 보드라운 햇두릅이, 가을에는 포근한 밤과 고구마가 있습니다. 제 주방에는 고기나 시판 소스는 없지만, 그 대신 계절이 있습니다. 제철 채소들이 가득한 만큼, 밥상을 바라보기만 해도, 지금 내가 어떤 계절의 한가운데에 서 있는지를 알 수 있습니다.

매년 계절은 너무나도 당연하게 바뀌어가지만, 어느 날 문득 아름다움을 느끼게 하고 감동을 주는 것은 그 변화 속의 작고 사소한 것들이었습니다. 장을 보러 가는 길에 피어 있는 코스모스, 노랗게 물든 은행나무, 봄비가 내린 뒤의 안개 낀 언덕. 하지만 바쁘게 살다 보면 이 사소한 행복마저 녹록지 않을 때가 많았습니다. 바깥 풍경을 바라볼 시간이라고는 출퇴근 시간밖에는 없도록 바쁜 날들. 그 찰나의 시간마저 눈은 스마트폰 속 뉴스를, 또는 잠깐의 쉼을 위해 웹툰을 향했습니다. 문득 고개를 올려보았을 땐, 제대로 구경을 하러 나가지도 못했는데 이미 단풍이 끝나려 했습니다. 어떤 시기를 어떤 마음으로 지내고 있는지, 나 자신도 느끼지 못한 채, 봄의 벚꽃도, 여름 바다와 첫눈도 그렇게 스치듯 지났습니다.

저에게 제철 채소를 담은 매일의 식사는 도시의 삶에서도 계절의 변화를 느끼며 사소한 행복을 느낄 수 있게 해주는 존재입니다. 냉이를 발견한 날은, 이제 곧 올 봄 생각에 조금 설레고, 햇양파가 나올 무렵이면, 가로수에 초록잎이 가득해져 회색 도시에도 녹음이 우거질 가까운 내일을 생각합니다. 지금이 아니면 즐길 수 없는 것들을 맛보며, 내가 걸어가고 있는 순간을 기억하고, 그 속에서 발견한 작은 설렘으로 살아갈 힘을 얻습니다.

바쁘고 조금은 서먹서먹한 도시의 삶에서도 그럭저럭 일상을 걸어 나갈 수 있는 건, 삶을 지탱해주는 무언가가 있어서가 아닐까요. 비싼 옷을 사지 않아도, 화려한 선물을 받지 않아도, 나를 지킬 수 있게 도와주는 일상의 의식 같은 것들. 느지막한 주말 오전, 원두를 가는 시간이라던가, 좋아하는 음악을 들으며 하루를 마무리하는 시간들이요. 저에게는 제철 채소를 담은 매일의 식사가 그런 것입니다.

제철 채소는 친절하다

계절의 맛을 담은 채소는 몸에도 친절합니다. 제철 채소에는 그 계절을 조금 더 편안하게 보낼 수 있도록 도와주는 에너지가 깃들어 있습니다. 신기하게도 가지, 오이, 토마토 등 여름 작물들은 더운 여름철 몸의 열기를 낮춰주는 힘을 갖고 있습니다. 한편, 추운 계절이 될수록 맛있어지는 뿌리채소나 미역, 톳과 같은 바다 작물은 사람의 몸에 열기를 주어, 매서운 계절을 무탈하게 보낼 수 있게끔 도와주는 친구들입니다.

내 몸뿐만 아니라, 환경에도 친절합니다. 추운 계절에 여름철 채소를 키우려면 방대한 면적의 난방을 가동하는 것부터 시작해, 습도 조절 등 신경 써야 할 구석이 한두 가지가 아니니, 소비되는 에너지의 양도 보통이 아닙니다. 사람이 사는 집이라면, 에너지 절약을 위해 실내 온도는 조금 낮게 설정하고, 옷을 한 겹 더 입겠지만, 채소에 옷을 더 입혀줄 수는 없는 노릇입니다. 수입산 채소라면 재배뿐만 아니라 운송에도 비용과 에너지가 소비됩니다.

우리나라의 제철 노지 채소는 난방과 습도 조절을 해주며 연료를 사용할 필요가 없습니다. 수입산에 비교하면 운송 비용과 에너지도 절약할 수 있습니다. 그 계절의 햇빛과 바람, 눈비를 온몸으로 이겨내며 자란 만큼, 생명력도 강합니다. 맛있고 저렴한 데다가, 내 몸에 이로운 재료를 사용하는 것만으로 환경 보호에 일조했다는 뿌듯함을 주다니! 제철 채소는 친절하고 기특한 녀석입니다.

궁극의 미식 제철 집밥

제철 재료를 사용해 밥상을 차리며 살다 보니, 이따금씩 입맛이 까다로워진 스스로를 발견하곤 합니다. 그 철에 가장 맛있는 재료를 사용하면, 크게 수고를 들이지 않고도 음식의 맛을 낼 수 있습니다. 하지만 철모르고 생뚱맞은 계절에 온실에서 뛰어나온 재료는 제철일 때에 비해 맛이 부족한 데다가 비싸기까지 합니다. 겨울철, 한 팩에 1500원을 주고 살 수 있는 싱싱한 물미역을 두고, 뭔가 심심한 맛의 파프리카 두 알을 5000원에 사고 있는 격이라고 생각하면 이해하기 쉽습니다.

언제 방문해도 같은 메뉴가 준비되어 있는 음식점에서는 누릴 수 없는 궁극의 맛이 채소로 차린 집밥에는 있습니다. 게다가 1년 중 맛있게 먹을 수 있는 철이 2주 정도밖에 되지 않는 새침한 재료도 있으니, 이 2주 동안 이것들을 먹지 않고 지나가면 1년 치 손해를 보는 듯한 기분입니다. 장마 전의 오이라던가, 아직 질겨지지 않고 가느다란 6월 초의 마늘쫑이 그렇습니다. 솜털이 보송보송한 두릅이 나오는 시기도 마찬가지입니다. 눈여겨보고 있던 농장에서 여린 두릅이 박스째로 도착해 있는데, 이 두릅을 데쳐서도 먹고 전도 부치고 튀기기만 해도 삼시 세끼가 부족할 마당에, 언제 어디서든 먹을 수 있는 치킨을 4월 초에 시켜 먹다니. 저에게는 통탄하기 이를 데 없는 일입니다. 미식가들이 사랑하는 재료로 알려진 트러플 오일과 캐비어는 돈만 있다면 언제든 살 수 있겠지만,

4월 초의 햇두릅의 맛은 돈이 있어도 열두 달의 기다림이 없다면 즐길 수 없습니다. 흔한 고기 한 점, 멸치 육수도 없고, 맛이 심심할 거라고들 생각하지만, 고기 대신 계절을 담은 만큼, 마크로비오틱 밥상은 궁극의 미식을 즐길 수 있는 식사입니다.

오늘부터 시작하는
열두 달 마크로비오틱 집밥

제철의 에너지를 듬뿍 담은 열두 달 마크로비오틱 집밥을 소개합니다.

만물이 싹을 틔우는 초봄부터 시작해 한 달에 한 끼씩 나를 위한 마크로비오틱 집밥을 만들어 봅시다. 열매채소가 맛있는 여름과 뿌리채소를 즐기는 가을을 지나, 월동채소와 생해조류를 즐기는 겨울을 보내고 나면, 우리 땅에서 나고 자란 제철 재료와 조금 더 친해져 있을 거예요.

2월의 밥상

냉이 강된장

저에게 봄을 기다리던 마음에 희소식을 안겨주는 존재는 봄비도 개나리 꽃봉오리도 아닌, 냉이입니다. 겨울이 끝나갈 무렵, 새로 얼굴을 내민 봄냉이를 발견한 날이면 빈손으로 돌아올 수가 없습니다. 봄 맛을 느끼겠다는 설렘에 손질을 하느라 손과 쟁반에 흙을 묻힐 것은 새까맣게 잊어버린 채 집어 오고 마는 것입니다. 눈을 질끈 감고 냉이 욕심이 나는 것을 참아낼 때도 있는데, 이런 날에는 어김없이 달래를 챙겨 와, 냉이를 데려왔을 때와 별반 다를 바 없는 시간을 보냅니다. 땅을 뚫고 올라오는 새순들을 만나는 계절인 만큼, 매년 초봄이면 채소의 흙을 털어내고 좋아하는 팟캐스트를 들으며 냉이 또는 달래를 다듬습니다. 편의점 음식으로 식사를 대충 때우거나 술자리가 끊이지 않던 20대 시절의 저를 아는 지인들은 할머니가 다 되었다며 혀를 끌끌 찹니다. 저 역시 겉으로는 또 쟁반이 흙투성이가 되겠다며 툴툴대지만, 내심 새로운 계절의 시작을 알려주는 이 시간이 퍽 마음에 듭니다. 손끝으로 오랜만에 만난 초록빛 채소를 만지고, 코로는 은은한 향을 맡다 보면, 자연과 동떨어진 서울 한복판의 작은 주방에서도 계절의 변화를 만끽할 수 있습니다.

만드는 과정

1. 두부를 소금물에 한 번 데치고 손으로 부드럽게 풀어 천 위에 올려 물기를 빼둔다. 우엉, 당근, 양파는 새끼손톱 반 개 정도 폭으로 깍둑 썰어둔다. 냉이는 다듬고 씻어 한입 크기로 썰어둔다.

2. 냄비를 약불로 달궈 기름을 두른다. 달궈지면 우엉을 특유의 흙 향이 날아가고 달큰한 향이 오를 때까지 볶는다. 그 뒤 양파를 넣는다. 양파가 투명해지고 매운 향이 줄어들 때까지 볶는다.

3. 양파가 익으면 당근을 넣고 볶는다.

4. 당근이 반 정도 익으면 냄비 바닥을 1mm 덮을 정도의 물(분량 외)을 넣고 증기가 일어날 정도의 약불에서 뚜껑을 덮고 익힌다.

5. 4의 재료가 부드러워지면 된장을 넣고 수분을 날리며 한 번 볶는다. 수분이 날아가면, 물, 고춧가루, 다진 마늘, 다진 생강을 넣고 익힌다. 준비해둔 두부와 썰어둔 냉이를 넣고 냉이가 익으면 불에서 내린다.

재료 3~4인분

두부 반 모
우엉 15cm
당근 1/4개
양파 중간 크기 한 개
냉이 한 줌
다진 마늘 1/4작은술
다진 생강 1/2작은술
된장 2.5큰술
고춧가루 1/2작은술
물 3/4컵

Tips

두부를 소금물에 데친 뒤, 물기를 가볍게 제거하면 두부 냄새를 줄일 수 있고, 완성된 강된장을 보관해둘 때도 쉽게 싱거워지지 않는다.

세 가지 묵나물 비빔밥

채소 요리를 하며 늘 설레기만 하는 것은 아닙니다. 때로는 지나가는 계절을 보낼 줄도 알아야 합니다. 곧 새로운 나물들을 만나게 될 테니, 지난 봄, 여름에 갈무리해두었던 말린 나물, 채소들을 보내줄 때입니다.

잘 삶고 불린 뒤, 맛이 잘 든 장과 기름으로 조물조물 양념을 해 만든 묵나물은 특유의 식감과 향으로 입맛에 불을 지핍니다. 이 맛있는 것을 찬장 속에 조금 더 아껴두었다가 봄에도 여름에도 즐기고 싶은 마음도 들지만, 신기하게도 향긋한 쑥과 두릅, 취나물을 만나기 시작하면 묵나물 생각은 쏙 들어갑니다. 챙겨두어 보았자 새로 만나는 채소들 앞에서는 꿔다 놓은 보릿자루 신세가 될 테고 찬장 속에서 묵어갈 것이니, 그 전에 맛있게 먹고 이별해

야 합니다. 계절이 바뀔 때마다 채소는, 기다림 끝에 오는 만남의 즐거움을 알려주기도 하고, 아쉬움을 삼키고 보내줄 줄 아는 여유를 알려주기도 합니다. 모든 것에는 가장 알맞은 때가 있다는 어른들 말씀을 한 귀로 흘려듣곤 했지만, 채소를 요리하며 비로소 체감합니다. 이렇게 오늘도 인생 선배님 채소에게 한 수 배웁니다.

말린 호박나물

만드는 과정

1. 말린 호박을 30분 정도 소량의 미지근한 물에 말랑하게 불린 뒤 물기를 꼭 짠다.

2. 물기를 짜둔 호박나물에 들기름 적당량과 소금을 버무린다.

3. 냄비를 중불로 달군 뒤 2의 나물을 넣고, 나물이 따뜻해질 정도로만 가볍게 볶는다.

4. 물을 넣고 약불에서 찌듯 익힌다. 국물이 자작하게 남아 있을 때 들깻가루를 넣고 섞는다.

재료 3~4인분

말린 호박 한 줌
물 반 컵
소금 1/4작은술
들깻가루 2작은술
들기름 석냥량

말린 고사리나물

만드는 과정

1 마른 고사리는 물에 한번 씻는다, 고사리를 냄비에 넣고, 고사리가 잠길 정도의 물을 넣고 끓인다. 끓기 시작하면 불을 약불로 낮추어, 고사리가 말랑해질 때까지 뚜껑을 열고 삶는다(약 7분 정도 소요된다). 고사리를 만져보아, 말랑하지만 살짝 심이 느껴질 때 불을 끈다. 삶은 고사리를 건져내 찬물에 담그고, 비린 냄새가 빠질 때까지 수차례 물을 갈아가며 세 시간 정도 물에 담가둔다.

2 비린 냄새가 빠지면 참기름 조금, 국간장 1작은술로 양념한다.

3 냄비를 중불로 달군 뒤, 양념해둔 고사리를 넣고, 고사리가 따뜻해질 정도로 가볍게 볶는다. 물과 소금을 더해 뚜껑을 덮고 약불에서 익힌다. 물이 소량 남아 있을 때 곱게 간 참깨와 섞는다.

재료 3~4인분

마른 고사리 반 줌
물 1/4컵
국간장 1작은술
소금 1/8작은술
참깨 반 큰술
참기름 적당량

말린 취나물 볶음

만드는 과정

1. 마른 취나물을 물로 한번 씻어낸다. 취나물을 냄비에 넣고, 잠길 정도의 물을 넣고 끓인다. 끓기 시작하면 불을 약불로 낮추어, 뚜껑을 열고 삶는다. 손으로 줄기를 눌러보았을 때 뭉개질 정도로 삶는다(약 7분 정도가 소요된다). 부드러운 것은 체에 건져두고, 만져보아 아직 줄기가 단단한 것은 삶은 물에 넣고 조금 더 불려둔다.

2. 취나물이 부드러워지면 국간장과 참기름을 넣고 조물조물 무쳐 밑간한다.

3. 냄비를 중불로 달군 뒤, 양념해둔 취나물을 넣고, 취나물이 따뜻해질 정도로 가볍게 볶는다. 물을 더해 뚜껑을 덮고 약불에서 익힌다. 물이 소량 남아 있을 때 곱게 간 참깨와 섞는다.

재료 3~4인분

마른 취나물 한 줌
물 1/4컵
국간장 1/2작은술
참깨 1작은술
참기름 적당량

Tips

묵나물을 맛있게 만들기 위해 가장 중요한 과정은 삶는 과정과 불리는 과정이다. 말리기 전의 나물의 상태에 따라 삶고 불리는 시간이 다르니, 직접 손으로 나물을 만져가며 알맞게 부드러운지 확인한다. 잘 삶고 불린 나물은 가볍게 볶아 요리한다. 기름을 과하게 두르면 느끼해지니 나물에 소량만 둘러 양념하고, 물을 부어 촉촉하게 익힌다.

콩나물 달래전

오랜만에 만난 달래가 반가워 한 묶음 사 오면, 청국장에도 넣어 먹고 두부와도 조려 먹고, 신나게 달래 파티를 엽니다. 이렇게 한동안 달래향을 즐기고 나면, 꼭 달래가 애매하게 남는데, 남은 달래는 콩나물과 함께 전을 부칩니다. 콩나물과 전의 조합이 생소할 수도 있지만, 만들기도 쉽고 젓가락으로 날름날름 집어 먹기도 쉬워 봄밤 막걸리를 열게 하는 장본인입니다.

만드는 과정

1. 달래 뿌리 아래의 단단한 돌기를 제거한 뒤, 손가락 한 마디 정도 길이로 썰어둔다.

2. 갓 씻어 물기가 살짝 남아 있는 콩나물과 달래에 소금과 통밀가루, 전분을 넣고 잘 섞는다. 채소에 가루가 골고루 묻으면 물을 넣어 반죽을 완성한다.

3. 중불로 달군 프라이팬에 기름을 두르고, 1을 조금씩 얹어 중불에 노릇하게 굽는다. 한 면이 노릇하게 익으면 뒤집어 반대면도 익혀 완성한다.

재료 3~4인분

콩나물 반 팩
달래 6큰술
소금 1/4작은술
통밀가루 2.5큰술
전분 1/2작은술
물 1.5큰술 정도

3월의 밥상

콩나물밥과 달래간장

달래간장

달래를 만날 수 있는 철에는 달래간장이 식탁에 오르지 않는 날이 없습니다. 김과 함께 싸 먹어도, 두부와 함께 조려 먹어도 맛있고, 솥밥의 양념장으로도 활용할 수 있는 무적의 양념입니다.

만드는 과정

1 달래를 손질한 뒤, 손가락 한 마디 정도 길이로 썰어둔다. 참깨는 반 정도 간다.

2 모든 재료를 깨끗한 유리병에 담고 잘 섞는다.

재료 만들기 쉬운 양

달래 6큰술
간장 5큰술
다시마 채수 4작은술(178쪽 참고)
참깨 2큰술
고춧가루 1작은술
참기름 2, 3방울

콩나물밥

콩나물밥은 어느 철에든 만들 수 있는 요리이지만, 달래간장과의 궁합이 좋아, 유독 2, 3월에 즐겨 만들게 된 음식입니다. 정말 만들기 쉬운 음식 중 한 가지이기도 한데, 정작 만들어보면 밥은 눅눅하고 콩나물은 축 처져 있기 십상입니다. 콩나물을 넣고 밥을 짓는 것이 아니라, 불에서 내리기 10~15분쯤 전에 콩나물을 넣어야 질척이지 않고 적당하게 아삭한 콩나물의 식감을 유지할 수 있습니다.

만드는 과정

1. 무거운 냄비에 씻은 현미, 물, 소금을 넣고 평소처럼 밥을 짓는다.
2. 불에서 내리기 15분 전에 밥 위에 씻어둔 콩나물을 올리고 뚜껑을 덮는다. 밥이 되면 불에서 냄비를 내리고 10분 이상 뜸을 들인다. 밥을 골고루 섞어 완성한다.

재료 4인분

현미 2컵
소금 1/4작은술
물 3컵
콩나물 크게 한 줌

금귤 프레스 샐러드

채소에 약간의 소금을 버무린 뒤, 무거운 것으로 눌러두어 만드는 샐러드입니다. 불필요한 수분이 빠져 나오며, 채소의 풋내를 줄이고 단맛을 한층 더 끌어낼 수 있으며, 단단한 채소도 부드럽게 먹을 수 있다는 장점이 있습니다. 계절별로 봄동, 당근 등 다양한 채소의 조합을 즐기는데 3월에는 단맛이 제대로 오른 양배추와 금귤의 조합을 사랑합니다. 금귤의 상큼하면서도 약간의 쌉쌀한 맛이 더해져, 입맛을 돋우는 전채요리로도, 튀긴 음식을 먹을 때의 입가심 메뉴로도 잘 어울립니다.

만드는 과정

1 양배추는 먹기 좋은 크기의 네모 모양으로 썰고 셀러리 줄기는 얇게 어슷 썬다. 셀러리 잎은 채 썬다. 금귤은 얇게 슬라이스하고 씨를 빼둔다.

2 양배추와 셀러리에 소금 1/8작은술을 버무려 무거운 것으로 30분~1시간 정도 눌러둔다.

3 가볍게 물기를 짜낸 뒤, 금귤과 나머지 소금, 올리브유, 현미식초를 버무려 완성한다.

재료 3인분

양배추 크게 한 줌
셀러리 줄기 20cm
셀러리 잎 적당량
금귤 두 개
소금 1/8작은술

드레싱

소금 1/8작은술
올리브유 1/2작은술
현미식초 1/2작은술

브로콜리 가라아게

아삭하게 데쳐서 초고추장이나 케첩에 찍어 먹곤 하는 브로콜리지만, 소스에 숨기기엔 아쉬울 정도로 고소한 맛을 지닌 채소입니다. 생각보다 기름과의 궁합도 좋아 튀김의 주재료로도 잘 어울립니다. 간장, 마늘 등의 양념을 한 튀김옷을 입혀 노릇하게 튀겨내면 치킨이 부럽지 않습니다.

만드는 과정

1. 브로콜리를 한입 크기로 썰고 전분(분량 외)을 골고루 버무린다.
2. 1의 브로콜리를 잘 섞은 튀김옷 재료를 골고루 묻힌다.
3. 170℃로 달군 기름에 넣고 노릇하게 튀긴다.

재료 3인분

브로콜리 1/4개

튀김옷

다진 마늘 1/4작은술
다진 생강 1/4작은술
간장 1/2큰술
전분 2큰술
찹쌀가루 2큰술
물 3.5큰술 정도

콩가루 쑥 막장국

3월 말쯤이면 따뜻한 지역의 쑥에 맛이 오르기 시작합니다. 노지에서 햇살과 바람을 만끽하고 자란 쑥을 사 온 날이면, 쑥 더미에 얼굴을 부비며 그 향을 맡고 싶은 충동이 일지만, 들숨에 흙 맛을 제대로 볼 수 있으니 애써 참습니다. 쑥떡, 쑥버무리 등 달콤한 간식에 쓰이곤 하는 쑥이지만, 맛이 잘 든 막장과 함께 국을 끓여 한 끼 식사를 하지 않으면 그해 봄엔 쑥맛을 제대로 즐기지 못한 것 같은 맘이 들어 아쉬울 정도입니다. 수분을 살짝 머금은 쑥에 생콩가루를 버무려 넣고 끓이면 쑥의 씁쓸한 맛을 부드럽게 즐길 수 있습니다.

만드는 과정

1. 쑥은 흙을 씻어내고 한 입 크기로 썰어둔다. 갓 씻어 가볍게 물기를 머금은 쑥에 생콩가루를 버무린다.

2. 채수(177-178쪽 참고)를 끓이고 막장을 풀어 넣는다.

3. 생콩가루를 버무린 쑥을 소복히 넣고 뚜껑을 덮어 생콩가루와 쑥이 익을 때까지 한소끔 끓인다.

Tips
콩가루로 국물이 탁해질 수 있으니, 쑥을 넣은 뒤에는 뒤적이지 않는다.

재료 3~4인분

쑥 두 줌
생콩가루 4큰술
막장 2큰술
채수 4컵(다시마 채수와 표고버섯 채수를 7:3 비율로 섞어 준비한다.)

4월의 밥상

방풍나물 들깨무침

봄이 절정에 치닫는 4월이 오면 온갖 초록풀이 장에 나옵니다. 취나물, 쑥, 방풍나물, 돌나물, 머위순 등등. 종류도 이름도 다양하고 그만큼 맛과 향도 모두 다릅니다.

요즘에는 봄풀로 파스타나 페스토 등 다양한 요리를 만들지만, 나물이야말로 산과 들의 향을 코로 즐기고 촉촉한 식감을 입으로 즐길 수 있는 요리 아닐까요. 하지만 의외로 요리 초심자에게는 어려운 요리이기도 합니다. 채소마다 손질 방법도 다르며, 데치는 시간도 다른 데다가, 데친 뒤 채소의 물기를 짤 때에도 나름의 요령이 필요합니다. 나물을 만들 때의 포인트를 한마디로 정리하면 '적당히'가 아닐까 싶습니다. 적당히 시간을 들여 데치고, 적당히 식으면, 힘을 너무 꼭 주지도 너무 빼지도 말고 적당히 수분을 짜야 합니다. 자칫 힘을 지나치게 주면 뻣뻣한 나물을 먹게 되고, 반대로 힘을 너무 빼면 축축하고 싱거운 나물을 먹게 됩니다.

비단 나물뿐일까요. 비록 오래 살지는 않았지만, 살다 보니 '적당히'가 중요할 때가 참 많았습니다. 반려식물을 들일 때에도 적당히 관심을 주고 적당히 물을 주어야 너무 마르지도, 뿌리가 썩지도 않고 오래오래 잘 삽니다(그동안 나는 몇 그루의 반려 식물을 다른 세상으로 보냈던가요…). 애인 사이이든, 친구 사이이든, 사랑을 키우고 유지하는 것도 마찬가지였습니다. 너무 관심을 주어도 부담스럽고, 그렇다고 해서 눈길 한번 주지 않아도 서운해합니다. 적당한 애정과 표현이 필요합니다.

다소 고지식한 저에게 이 '적당히'는 참 힘든 일입니다. 주로 지나치게 힘을 주곤 합니다. 그래도 맛있는 것을 먹겠다는 의지가 강한 덕에, 나물을 무칠 때만큼은 이 '적당히'에 익숙해져, 요즘에는 지나치게 물기를 짜내 뻣뻣한 나물을 먹는 일은 없어졌습니다. 그렇다면 나물만큼은 익숙해졌으니 이제는 만사를 나물 무치듯 생각하면 조금은 나아지지 않을까요? 촉촉한 나물을 먹겠다는 일념으로 나물을 무칠 때처럼, 앞으로는 조금만 더 힘을 빼보려고 합니다. 적당-히.

만드는 과정

1 방풍나물은 줄기와 잎을 나누어 손질한다. 잎은 억센 잎과 여린 잎으로 나누고, 줄기는 한입 크기로 썰어둔다.

2 끓는 물에 소금을 조금 넣고, 줄기와 억센 잎을 먼저 데친다. 손으로 눌러 말랑해질 정도가 되면 여린 잎도 넣고 데친다.

재료 만들기 쉬운 양

방풍나물 200g
들깻가루 1.5작은술
국간장 1작은술
생들기름 적당량

3 여린 잎도 부드러워지면 건져낸 뒤, 찬물에 담그지 않고 채반에 밭쳐 한 김 식힌다.

4 만질 수 있을 정도로 식으면 한입 크기로 썰어, 가볍게 물기를 짜고 간장을 한 숟갈 정도 둘러둔다.

5 5분 정도 지난 뒤, 한 번 더 물기를 짠다.

6 나물에 생들기름을 버무리고 들깻가루와 국간장으로 양념한다.

Tips

1) 방풍나물은 줄기가 억센 편이다. 젓가락 정도 굵기의 줄기는 데치면 부드럽게 먹을 수 있지만 지나치게 굵은 부분은 꺾어낸다.

2) 데쳐서 나물에 간장을 살짝 두르고, 5분 정도 기다리면 미처 빠져나오지 못했던 수분을 짜낼 수 있어, 나물을 보관해두어도 싱거워지지 않는다. 나물의 물기를 짜낼 때에는 살짝 촉촉할 수 있게끔 수분을 80% 정도만 짜낸다.

취나물밥

4월에는 온갖 나물을 돌려 넣어가며 나물밥을 짓습니다. 냄비로 밥을 짓고 나물을 올려 뜸을 들이기만 하면 되니 무척 간단한 데다가, 제철을 맞은 산나물의 향을 그대로 즐길 수 있습니다. 취나물 대신 쑥, 미나리 등 다른 채소로 응용하는 것도 좋습니다.

만드는 과정

1 취나물은 씻고 줄기와 잎을 나누어 손질해 둔다. 줄기는 2cm 정도 길이로 썰어둔다.

2 무거운 냄비에 씻은 현미, 물, 소금을 넣고 평소처럼 밥을 짓는다.

3 불에서 내리기 10분 전에 취나물 줄기를 넣고 다시 뚜껑을 덮는다. 10분 뒤, 불에서 내린다. 취나물 잎을 넣고 뚜껑을 덮어 10분 이상 뜸을 들인다. 취향에 따라 들깨양념(151쪽)을 곁들여 먹는다.

재료 4인분

현미 2컵
소금 1/4작은술
물 3컵
생취나물 작게 한 줌

미나리 유부 된장국

매콤 칼칼한 국에도 어울리고, 김치에도 어울리는 미나리이지만, 4월의 미나리는 고춧가루, 마늘 양념으로 그 향을 덮기에는 아쉽습니다. 미나리의 맛과 향을 제대로 즐기고 싶은 날에는 삼삼한 된장국을 끓입니다. 부재료의 가짓수를 줄여 심플하게 끓이고, 마지막에 미나리를 더한 뒤 살짝만 끓여내면, 다른 재료에 향이 묻히지 않아, 늘 조연 역할을 하던 미나리도 주인공이 됩니다.

만드는 과정

1. 미나리는 1cm 정도로 짧게 썰어 잎과 줄기 부분을 나누어둔다. 유부는 끓는 물에 데친 뒤, 물기를 짜고 가늘게 채 썰어둔다. 미역은 씻고 체에 밭쳐 부드러워질 때까지 둔다. 된장은 채수(177-178쪽 참고) 일부를 넣고 부드럽게 개어둔다.

2. 부드러워진 미역을 채수에 넣고 끓인다.

3. 미역이 부드러워지면 데쳐서 썰어둔 유부와 개어둔 된장을 넣고 한소끔 끓인다. 끓으면 미나리 줄기 부분을 넣고 한소끔 끓인다. 줄기가 부드러워지면 잎 부분을 넣고 불에서 내린다. 그릇에 담고 여린 잎을 얹어 마무리한다.

재료 3인분

미나리 5~6줄기
유부 5~6cm 길이의 정사각형 2장
미역 한 숟갈 정도
된장 1.5큰술
채수 3컵(다시마 채수와 표고버섯 채수를 7:3 비율로 섞은 것)

Tips

1) 유부는 유통과정에서 표면에 묻은 기름이 산화되어 있기 쉬우니 끓는 물에 데친 뒤 사용한다.
2) 된장을 미리 채수에 개어 사용하면 짭짤한 콩 입자가 잘게 으깨어져, 맛이 더 부드러워지고 간을 맞추기도 쉽다.

두릅전

드디어 봄 채소의 왕, 두릅이 돌아왔습니다. 생긴 것도 왕관을 닮아, 왕이라 불릴 만합니다. 하지만 가시도 돋아 있고, 맛있게 먹을 수 있는 시기도 한정적이고 적절한 조리를 하지 못하면 씁쓸할 뿐인데 도대체 누가 이 식물을 처음으로 먹을 생각을 했을까요. 지나친 의미 부여라 생각할지 모르지만, 두릅 철이 돌아올 때마다 용기 있는 누군가의 모험으로 인류의 식문화 폭이 한층 넓어졌으리라 생각하곤 합니다.

누군가의 용기와 호기심 덕에 즐길 수 있게 된 재료를 그저 데쳐내어 초고추장에 찍어 먹기에는 이 독특한 향과 식감이 너무나 아쉽습니다. 기름과 함께 가열하면 씁쓸한 맛은 줄고, 특유의 향과 식감은 그대로 즐길 수 있으니, 두릅전을 부쳐 먹는 것도 별미입니다.

만드는 과정

1. 두릅은 2cm 정도 길이로 썬다. 도톰한 부분은 저며서 썬다. 당근도 비슷한 길이로 채썬다.

2. 두릅과 당근을 전분, 통밀가루로 코팅하고 물을 부어 섞는다.

3. 중불로 달군 팬에 젓가락으로 한입 크기로 얹어 부친다.

재료 3인분

두릅 크게 한 줌
당근 1cm
통밀가루 6큰술
전분 3큰술
물 8큰술
소금 한 꼬집

들깨양념

국간장:생들깨:현미식초를 2:1:1 비율로 섞어 만든다.

Tips

칡, 고구마, 옥수수, 감자 등 다양한 원재료로 만든 전분이 있는데, 어떤 것을 사용해도 맛과 식감에는 큰 차이가 없다. 다만, 고구마, 옥수수, 감자 전분은 수입산의 경우, 유전자변형 작물을 사용했을 가능성이 높고, 체온을 낮게 하는 성질이 강하니 가급적 칡 전분을 사용한다. 칡 전분을 구하기 어려운 경우에는 국내산 전분을 선택하며, 유전자변형 작물을 사용했는지 재차 확인한다.

5월의 밥상

통양파 솥밥

양파는 어느 계절에든 쉽게 만날 수 있는 채소이지만, 봄에 갓 수확한 햇양파는 특히나 수분이 많아 아삭하고, 매운맛은 적고 달큰하죠. 모처럼 5월에 햇양파를 즐긴다면 그 달콤함을 만끽할 수 있는 요리를 해보세요. 현미와 함께 양파를 통째로 넣고 밥을 짓는 것도 좋습니다. 밥 뚜껑을 여는 순간부터 부드럽게 익은 양파의 모습을 보고 다들 탄성을 지르는 메뉴입니다. 올리브유를 살짝 두르고, 부드럽게 익은 양파를 페이스트처럼 으깨가며 먹으면, 화이트와인과도 잘 어울립니다.

만드는 과정

1. 양파를 8등분하듯 양파 깊이의 반쯤 칼집을 넣는다.
2. 모든 재료를 넣고 냄비로 평소대로 밥을 짓는다.
3. 밥이 다 되면 뜸을 들이고 잘 섞는다.

재료 3인분

현미 1.5컵
물 2컵
양파 작은 것 한 개
소금 1/2작은술
월계수 잎 1장

Tips

너무 깊이 칼집을 넣으면 양파가 찢어져 모양새가 좋지 않다.

딜향 아스파라거스 감자 스프

스프를 만들 때에는 부용(Bouillon), 닭 육수, 베이컨 등을 넣어야만 한다고 생각했어요. 다들 그렇게 요리하거든요. 하지만, 다시 생각해보니 진한 향의 육수 때문에 채소 본연의 맛을 즐기기는 어렵더군요. 제철을 맞아 맛이 오를 대로 오른 채소가 주인공이 되지 못하고, 부재료가 되어버리는 게 아쉬웠습니다.

그래서 채소가 주인공이 되는 스프를 만들기로 했어요. 제철을 맞은 채소와 질 좋은 토판염, 약간의 허브를 곁들일 뿐입니다. '이렇게 간단해도 되나?' 싶지만, 여러 재료와 복잡한 과정을 거친 음식은 그 맛도 복잡합니다. 마음이 복잡하거나 생각을 덜어내고 싶을 때, 이 스프를 만들어보세요. 'Simple is the best'를 외치며 조금은 마음의 짐을 덜 수 있을지도 모릅니다.

만드는 과정

1. 양파를 0.5cm 폭으로 결을 따라 썬다. 감자는 1cm 정도 두께로 반달 모양으로 썬다. 아스파라거스는 뿌리에서 가까운 부분의 5cm 정도만 감자칼로 껍질을 벗기고 새끼손가락 정도 길이로 비스듬하게 썬다. 딜은 줄기를 제거하고 잎을 잘게 뜯어둔다.

2. 냄비를 중불로 달구고 기름을 소량 두른 뒤 양파를 볶는다.

재료 3인분

양파 1/2개
감자 중간 크기 한 개
아스파라거스 5개
다시마 채수 600ml
토판염 1/3~1/2 작은술
월계수 잎 한 장
올리브유 적당량
딜 적당량

Tips

1) 아스파라거스를 넣고 뚜껑을 덮은 채 오래 익히면 아스파라거스의 색이 칙칙해지니, 뚜껑을 연 채 재빨리 익힌다.

2) 오직 채소와 소금만으로 맛을 내는 요리를 할 때에는 짠맛과 함께 다양한 맛을 내는 토판염을 사용하면 더 깊은 맛을 낼 수 있다. 토판염에 대해서는 208쪽에서 자세하게 설명했다.

3   양파의 한 면이 가볍게 익으면, 냄비 한편을 비워 감자를 넣고 한 면만 가볍게 익힌다.

4   다시마 채수와 딜 줄기, 월계수 잎을 넣고 감자가 반쯤 익을 때까지 끓인다.

5   감자가 반쯤 익으면 어슷 썬 아스파라거스를 넣고 뚜껑을 열고 익힌다.

6   아스파라거스와 감자가 익으면 토판염으로 간한다.

7   그릇에 담고 딜 잎을 얹고 올리브유를 둘러 마무리한다.

얼갈이 부추 겉절이

날이 따스해져 오면 슬슬 생채소가 맛있어집니다. 베란다 텃밭을 일구는 분들도 상추, 루꼴라 등 푸릇푸릇한 잎채소들이 자라나 재미를 보기 시작하죠. 넘치도록 수확한 잎채소를 어떻게 다 먹나 골치가 아파질 때도 있습니다. 이럴 땐 매콤 짭짤하게 무친 겉절이만 한 음식도 없어요. 얼갈이처럼 익히지 않고 먹기에는 조금 억센 채소도 소량의 소금으로 살짝 절이면 부드럽게 먹을 수 있습니다. 구운 김과 탱글한 도토리묵을 곁들이는 것 또한 별미입니다.

만드는 과정

1 얼갈이는 새끼손가락 정도 길이로 썰고, 부추는 1.5cm 길이로 썰어둔다.

2 썰어둔 얼갈이에 소금을 뿌려 가볍게 절인다.

3 얼갈이에서 흘러나온 수분을 따라 버린다. 섞어둔 양념을 붓고 부추를 더한다. 손으로 살살 버무리고 참기름을 둘러 낸다.

재료 3인분

얼갈이 큰 것 2포기 또는 여린 것 6~7포기
소금 1작은술
부추 7~8줄기

양념

국간장 1큰술
고춧가루 1/2작은술
참깨 1큰술
참기름 적당량

Tips
1) 얼갈이는 흐르는 물에 씻는 등, 거칠게 다루면 풋내가 나기 쉽다. 물을 담은 볼에 얼갈이를 담고 뿌리에 가까운 부분을 손으로 살살 문질러가며 씻는다.
2) 젓가락이나 주걱 등 도구를 사용하는 것보다 손으로 무치는 편이 채소가 다치지 않으면서도 꼼꼼히 양념을 버무릴 수 있다.

죽순 머위대 조림

어느 집에나 있는 조미료로 만들 수 있는 특별한 메뉴를 소개할게요. 들어가는 양념은 간장뿐이지만, 쌉싸름한 맛이 은은하게 감도는 머위대와 아삭한 죽순, 고소한 유부가 만나 새로운 맛과 식감을 만든답니다. 일본 어느 가정의 집밥에 등장할 법한 반찬이에요.

머위대는 가볍게 데쳐 질긴 겉껍질을 벗기고 차가운 물에 잠시 담가두면, 쓴맛을 줄일 수 있어요. 이 과정이 번거롭게 느껴질 때도 있지만, 막상 껍질을 벗기다 보면, 물속에서 반짝이는 머위대에 마음을 빼앗길 때가 있습니다. 슬슬 더워지는 계절인 만큼, 손에 차가운 물을 묻혀가며 잠시 더위를 식히는 재미도 쏠쏠합니다.

만드는 과정

1 삶은 죽순은 새끼손가락 정도 길이로 썬다. 유부는 끓는 물에 삶아 기름을 빼고 천으로 눌러 물기를 제거해둔다. 당근은 세로로 얇게 슬라이스하고 소금을 한 꼬집 뿌려둔다.

2 머윗대를 씻고 굵은 소금을 뿌려 도마에서 비벼둔다. 소금이 묻은 채로 끓는 물에 살캉하게 데친다(머윗대를 물에서 꺼내보아 젓가락으로 들었을 때 완만한 곡선을 그리며 구부러질 정도면 살캉하게 데쳐진 것). 차가운 물에 담가 한 김 식으면 껍질을 벗기고 새끼손가락 길이로 썰어 잠시 물에 담가둔다.

재료 3인분

삶은 죽순 30g(15cm 길이의 통죽순을 세로로 4등분한 것)
머윗대 100g
유부 5cm 길이 정사각형 2개
당근 1/6개
물 재료가 반쯤 잠길 양
간장 1큰술

Tips
유부를 구워 사용하면 식감이 더 쫄깃해진다. 약간의 수고가 필요하지만 음식의 완성도는 월등히 높아진다.

3 기름을 두르지 않은 냄비를 약불에 달궈 유부를 지져가며 노릇하게 굽고 굵게 채 썰어둔다.

4 유부를 굽던 냄비에 죽순과 당근을 넣는다. 죽순의 양면이 노릇하게 그을리면 썰어둔 머윗대를 넣고 섞는다. 머위대가 따끈해지면 재료가 반쯤 잠길 양의 물을 부어 끓인다.

5 물이 끓으면 꺼내둔 유부, 간장을 넣고 졸인다. 끓기 시작하면 약불로 낮춰 졸인다.

6 건더기가 촉촉하되 국물은 사라질 정도로 졸아들면 불에서 내린다.

6월의 밥상

완두콩밥

SNS를 둘러보면 4월쯤부터 요리에 완두콩을 사용하는 분들이 보입니다. 하지만, 완두콩의 제철은 6월 초쯤부터입니다. 비닐하우스를 벗어나 벌판에서 햇빛을 듬뿍 받고 자란 노지 완두콩은 콩깍지의 촉촉한 때깔부터 남다릅니다. 1년 중 이때에만 만날 수 있는 노지 완두콩의 맛을 최대한으로 즐기고 싶다면,  콩을 삶을 때, 콩깍지까지 버리지 말고 함께 넣어보세요. 콩깍지에서 우러나오는 깊은 맛이 더해진답니다. 이 물은 식혀두었다가 밥을 짓거나, 파스타를 삶을 때 사용해보세요. 평범하던 밥과 파스타에 은은하게 달콤한 완두콩 향을 더할 수 있답니다.

만드는 과정

1. 완두콩을 삶는다. 완두콩이 잠길 정도 양의 물에 완두콩 깍지를 넣고 끓인다. 완두콩 알에는 굵은 소금을 비벼둔다. 물이 끓으면 굵은 소금을 비벼둔 완두콩을 넣고 뚜껑을 연 채 삶는다. 3분 정도 지나 완두콩 특유의 풋내가 날아가면 불을 끈다. 완두콩을 건져내지 않고 삶은 물에 담근 채 차갑게 식힌다.

2. 씻어서 체에 밭친 현미에 완두콩 삶은 물과 소금을 넣고 무거운 냄비에 밥을 짓는다. 밥이 다 지어지면 불에서 내려 삶아둔 완두콩을 넣고 10분 정도 뜸 들인다.

재료 3~4인분

현미 300ml
완두콩 콩깍지를 벗겨 반 컵
완두콩 삶은 물 450ml
소금 한두 꼬집

Tips

삶은 완두콩을 바로 찬물에 헹구거나 체에 밭치면 콩알이 쪼글쪼글해지니, 삶은 물에 담근 채 식힌다.

감자 들깨미역국

채식을 실천하는 분들은 매일의 식단을 사진으로 남기고 SNS에 공유하는 일이 잦습니다. 고구마와 샐러드로 차린 다이어트 식단도 있는가 하면, 된장찌개와 쌈밥으로 푸짐하게 차린 식단, 채식 디저트를 곁들인 식단 등 종류도 다양하죠. 이런 사진들을 둘러보다 보면 채식 안에서도 다양한 메뉴를 엿볼 수 있어 나름의 재미가 있습니다.

다만, 유독 혼자 식사를 한, 이른바 '혼밥' 기록이 많아 아쉬운 마음도 듭니다. 1인 가구와 혼밥족이 늘어나고 있다는 사실도 거들겠지만, 채식을 실천한다는 이유로 소중한 이들과 식사를 함께 하는 시간이 상대적으로 적은 것은 아닌지 걱정입니다.

채식과 마크로비오틱을 실천하는 분들이 외톨이가 되지는 않았으면 합니다. 적어도 생일, 기념일과 같은 특별한 날만이라도요. 식물성 재료만으로도 깊은 맛을 낸 미역국 레시피를 마스터해두는 건 어떨까요? 채식을 실천하고 싶은 누군가에게 배려심이 깃든 한 끼를 선물할 수도 있고, 스스로의 생일날, 온 가족이 함께 즐길 수 있는 생일상을 직접 차릴 수 있게 될 겁니다.

재료 4인분

미역 10g(15cm 길이 가볍게 두 줌)
감자 작은 것 2개
채수 1L(다시마 채수와 표고버섯 채수를 7:3 비율로 섞은 것)
국간장 1/2작은술
소금 1/4작은술
들깻가루 2큰술

만드는 과정

1. 미역을 물에 씻고 부드러워질 때까지 체에 밭쳐둔다. 미역이 부드러워지면 작게 썬다. 감자는 한입 크기로 큼직하게 썬다.

2. 1의 미역을 중불로 달군 냄비에 기름 소량을 둘러 볶는다.

3. 미역 특유의 비릿한 향이 줄어들고 미역이 초록빛을 띠면 미역이 잠길 정도 양의 채수 (177-178쪽 참고)를 넣고 끓인다. 끓으면 약불로 낮춘다.

4. 국물이 뽀얘지면 남은 채수를 붓고 끓인다. 끓기 시작하면 약불로 낮추고 미역이 부드러워질 때까지 오래 끓인다.

5. 미역을 건져 먹어보아 충분히 부드러우면 썰어둔 감자와 국간장을 넣고 감자가 익을 때까지 끓인다.

6. 감자가 익으면 들깻가루와 소금을 넣고 한소끔 끓여 마무리한다.

Tips

1) 미역을 물에 담가 불리면 미역 본연의 맛이 물로 빠져나가니, 물에 담그지 않고 씻어서 체에 밭친 채 부드러워질 때까지 기다린다.

2) 지나치게 일찍 국간장을 넣으면, 좀처럼 미역이 부드러워지지 않는다. 충분히 미역이 부드러워진 뒤에 국간장을 넣는다.

감자전

소설가 박완서 선생님은 그의 에세이 「넉넉하다는 말의 소중함」에서, '넉넉하다'라는 단어를 좋아한다고 말했습니다. 6·25전쟁, 어느 때보다도 궁핍했던 이 시기에 그의 어머니는 걸핏하면 '넉넉하다'라는 표현을 썼습니다. 집에 들른 손님에게 넉넉하다며 먹거리를 나눠주는 것도 모자라, 밥을 먹여 보내고, 늦은 시간에 들른 손님은 자고 가라며 붙들었습니다. 실상은 그렇지 않았지만 어머니는 늘 부자처럼 넉넉한 얼굴이었습니다. 당시에는 이러한 어머니에게 싫은 소리를 하기도 했지만, 지나고 보니 어머니 덕에 그의 가족은 가장 가난했던 시절을 넉넉하게, 부자와도 같은 마음으로 살 수 있었습니다.

저에게 감자는 이 '넉넉하다'라는 표현이 어울리는 채소입니

다. 그 무게와 부피에 걸맞게 든든히 배를 채워주죠. 호불호가 갈릴 만한 특별한 맛과 향을 지니지도 않아, 다양한 요리로 변신해 식탁에서 활약하기도 합니다. 스프나 매쉬드 포테이토가 되어 메인 요리를 빛내주는 훌륭한 조연이 되기도 하고, 밥과 함께 지으면 주식이 되죠. 튀기면 간식이 되고, 졸이면 반찬도 됩니다. 넉넉한 감자 덕에 반찬 걱정, 손님 상차림 걱정, 간식 걱정을 덜어본 경험이 있는 건 저뿐이 아니겠죠.

저장성이 높아 오랫동안 즐길 수 있는 채소이지만, 햇감자를 맛볼 수 있는 6월에는 여러 양념과 재료 없이 감자 본연의 매력을 즐길 수 있는 요리를 맛보았으면 합니다. 간식으로는 찐감자를, 식사 메뉴로는 감자전을 추천합니다. 강판에 간 감자의 수분을 가볍게 제거하고 약간의 소금을 더해 기름에 지진 이 음식은 감자 하나만으로도 촉촉, 쫄깃, 바삭한 식감을 만들어낼 수 있는 마법 같은 요리랍니다.

만드는 과정

1. 감자를 강판에 갈아 건더기는 체에 밭치고 흘러나온 수분도 그릇에 담아둔다.

2. 흘러나온 국물이 담긴 그릇을 조심스럽게 기울여 윗물은 버리고, 아랫부분에 남은 앙금을 체에 밭쳐둔 감자에 섞는다. 취향에 따라 잘게 썬 부추도 더한다. 소금을 더해 간한다.

재료 3인분

감자 3개
소금 1/4작은술
부추 2~3줄기(취향에 따라) 1cm 길이로 썬다.

3 중불로 달군 프라이팬에 기름을 넉넉히 두르고 2의 감자 반죽을 조금씩 덜어서 노릇하게 부친다. 취향에 따라 초간장을 곁들인다.

Tips

1) 블렌더, 믹서에 곱게 가는 것보다 강판에 굵게 가는 편이 식감이 좋다.
2) 강판에 간 감자의 수분은 억지로 꾹꾹 눌러 짜지 않고, 체에 밭쳐 촉촉할 정도로만 짠다. 수분을 과하게 짜내면 쫀득하지 않고 퍽퍽해진다.

오이 미역 무침

 기억도 나지 않는 어린 시절, 저는 비교적 순한 아이였지만, 몇 가지 엄마 속을 끓이는 점이 있었다고 합니다. 대표적인 예가 좀처럼 우유를 먹지 않았다는 점이죠. 초코맛, 딸기맛이 첨가된 우유를 주어도 거들떠보지 않지만, 오렌지 주스나 사과 주스처럼 상큼한 음료는 곧잘 마셨다고 해요. 아마도 묵직한 맛보다는 상큼한 맛을 즐기는 어린이였으리라 생각합니다.

 비슷한 이유로 기름진 음식보다도 아삭하고 시원한 음식을 좋아합니다. 좀처럼 직접 요리를 할 시간을 내기 어렵던 직장인 시절에도 아삭한 것이 그리워 종종 샐러드 전문점을 찾았고, 유학생 시절에도 종종 직접 김치를 담글 정도였습니다. 이 정도로 아삭한 식감을 좋아하는 걸 보면 어쩌면 준비된 채식인이었을지도 모르겠습니다. 동물성 식재료로는 아삭한 식감을 만드는 것이 쉽지는 않으니까요.

 여름마다 이 아삭한 식감으로 입맛을 돋우는 재료는 오이 아닐까요. 양념에 버무린 오이소박이도 맛있고, 고춧가루와 국간장을 더한 간단한 무침요리 또한 맛있는데, 가볍게 데친 미역과의 조합도 좋아합니다. 수분이 많은 열매채소나 과일 위주의 식생활에 해조류를 더하면 여름에 부족해지기 쉬운 미네랄을 보충하는 데도 도움이 되고 맛의 조합도 훌륭하답니다.

만드는 과정

1. 오이를 1mm 두께로 동그랗게 슬라이스하고 소금 한두 꼬집을 뿌려둔다. 미역은 씻고 체에 밭쳐 부드러워지도록 둔다.

2. 미역은 끓는 물에 부드럽게 삶고 물기를 짜, 먹기 좋게 썰어둔다.

3. 절여둔 오이의 수분을 짠다.

4. 미역과 오이에 식초, 국간장, 통깨를 넣고 무친다.

재료 3인분

오이 한 개
미역 4g(15cm 길이 미역 가볍게 한 줌 정도)
식초 2작은술
국간장 2작은술
참깨 적당량

마늘쫑 흑임자마요네즈 무침

어느샌가부터 '간단'이 요리의 키워드가 된 것도 같습니다. 주변을 둘러보면 바쁘지 않은 사람이 없습니다. 하루의 대부분의 시간을 일에 소비하고, 이것만으로도 부족해 쉬는 시간을 줄여가며 일을 하기도 합니다. 여기에 돌봄 노동을 병행하는 사람들도 적지 않죠. 이렇게 바쁜 일상 속에서 요리까지 해야 하니, 얼마나 순식간에 음식을 만들어낼 수 있는지가, 요리에 있어 중요한 요소가 되는 것이 이해도 됩니다. 사회가 요리와 멀어지고 있는 것은 시간 관리에 서투른 사람들이 늘어나고 있다는 것이 아니라, 지금의 사회가 나의 끼니를 위한 시간을 만들어내는 것마저 어려울 정도로 녹록지 않은 것은 아닐까 하는 생각이 들어 안타깝습니다.

한편, 저에게는 큰 즐거움을 주는 요리라는 시간이 누군가에

게는 번거롭고 귀찮은 시간인 것만 같아, 내심 아쉽습니다. 요리는 생각보다 많은 즐거움을 줍니다. 주방에서 계절의 흐름을 느낄 수도 있고, 칼질에만 집중하며 머릿속을 옥죄던 고민을 내려놓을 수도 있죠. 요리의 즐거움을 이야기하자면 끝이 없겠지만, 창작의 즐거움을 빼놓을 수 없습니다. 익숙하던 재료의 새로운 모습을 발견하고, 참신한 맛의 조합을 만들어낼 때면 셰프가 된 듯한 기분이 들어 우쭐해지기도 합니다. 장아찌로 먹거나 볶아 먹곤 하던 마늘쫑을 데쳐보았을 때의 놀라움을 잊을 수 없어요. 알싸한 맛 대신 달큰한 맛이 강해지고 식감도 부드러워져, 마늘쫑 요리의 폭이 넓어집니다. 나물을 무치듯, 데친 마늘쫑에 참기름과 소금을 더하는 것만으로도 맛있지만, 고소한 흑임자마요네즈와 달큰한 마늘쫑의 조합도 무척 잘 어울립니다.

재료 3인분

마늘쫑 약 15줄기
흑임자 1/2큰술
두부 마요네즈 3큰술(224쪽 참고)

만드는 과정

1 마늘쫑을 어슷 썰고 소금을 조금 넣은 끓는 물에 살캉하게 데친다. 손가락으로 눌러보아 물컹하지 않을 정도로 익으면 불에서 내리고 체에 밭쳐 식힌다.

2 흑임자를 절구에 곱게 갈고 두부마요네즈와 섞는다.

3 마늘쫑이 완전히 식으면 2와 잘 버무린다.

Tips

마늘쫑을 어슷 썰면, 단면에서 마늘쫑 특유의 알싸한 맛이 빠지고 단맛이 더 강해진다. 마늘쫑의 알싸한 맛을 더 살리고 싶다면 살짝만 데치거나 기름에 볶는다.

7월의 밥상

바질 토마토 냉파스타

밥을 사랑하는 저도 날이 더워지면, 면 생각이 간절해집니다. 오이, 달걀, 새우 등에 겨자 향의 국물을 곁들인 중국식 냉면, 달콤 짭짤한 일본의 소바, 우리나라의 냉면 등 동아시아의 3개국만 보아도 더위를 잊게 해줄 면 요리들이 있는 걸 보면 여름에 면이 그리워지는 건 저만이 아닌가 봅니다.

하지만 내심 아쉽습니다. 조금만 더워졌다 하면 친구들이 냉면을 먹으러 가자며 들뜨곤 하는데, 고기 육수로 만든 냉면은 저의 음식이 아니니까요. 서울 시청 근처의 콩국수 노포 이야기를 꺼내며 관심을 돌려보려 했지만, 콩국수는 생각보다 호불호가 갈리는 음식이더군요.

채식을 하지 않는 사람들에게도 인기 있는 여름철 채식 면 요리가 하나쯤 늘어나면 좋겠습니다. 이런 저의 바람에 딱 맞는 음식이 바로 냉파스타입니다. 주로 여름채소와 허브를 곁들이니 맛과 향이 가볍고, 알록달록한 색이 눈을 사로잡죠. 여러 냉파스타가 있지만, 그중에서도 바질과 토마토로 만든 파스타는 만드는 방법도 간단합니다. 굵게 썬 토마토에 소금과 레몬즙을 버무려 수분이 나올 때까지 잠시 기다린 뒤 올리브유와 다진 마늘, 바질 등 원하는 조미료를 더하는 것만으로 양념은 완성됩니다. 여기에 삶은 뒤 차갑게 식힌 파스타를 버무리기만 하면 순식간에 근사한 한끼가 완성됩니다.

냉파스타가 냉면에 버금가는 여름철 인기 메뉴로 자리 잡기를 바라는 사적인 바람을 담아, 여름 수업 커리큘럼에도 슬그머니 냉파스타를 넣어두었을 정도입니다. 이런 저의 바람이 가닿아 계절 메뉴로 다양한 냉파스타를 내어주는 이탈리안 레스토랑이 늘어나길, 여름에 소개팅 메뉴로, 와인 안주로, 간단한 점심 메뉴로 냉파스타를 즐기는 사람들이 늘어나기를 소소하게 기대해봅니다.

만드는 과정

1. 방울토마토를 썰어 소금, 국간장, 레몬즙을 뿌려둔다. 수분이 나오면 간 마늘과 올리브유를 넣고 잘 섞는다.

2. 파스타를 봉지에 적힌 시간보다 1~2분 정도 더 오래 삶는다. 부드럽게 익으면 바로 얼음물에 식힌다. 체에 밭쳐 물기를 꼼꼼히 털어낸다.

3. 바질 큰 잎을 칼로 다진다. 1에 식혀둔 파스타와 다진 바질 잎을 넣고 잘 섞는다. 그릇에 담고 바질 작은 잎을 듬성듬성 뿌린다.

재료 3인분

스파게티 또는 카펠리니
3인분
대추 방울토마토 20개
소금 1.5작은술
국간장 2/3작은술
레몬즙 2큰술
마늘 한 쪽 반
바질 큰 잎 6장
바질 작은 잎 15장
올리브유 6큰술

Tips

조리법은 단순하지만, 재료를 넣는 순서가 중요하다. 소금에 절여서 충분히 토마토 국물이 흘러나와야 맛이 좋다. 바질은 썰고 바로 먹어야 향이 좋으니, 미리 썰어두지 않고 먹기 직전에 조리한다.

판차넬라

생채소 요리의 왕, 샐러드의 계절이 돌아왔습니다. 채식을 한다고 하면, 사시사철 샐러드를 즐겨 먹을 거라고 생각하는 사람들도 많아요. 하지만 샐러드는 생채소가 맛있는 5~8월 즈음에만 즐겨 먹습니다. 그 밖의 계절에는 나물을 무쳐 먹는 편이 어울리거나 굽거나 졸여 먹는 채소가 더 맛있거든요. 그러니 여름 이외의 계절에는 샐러드를 만들더라도, 주로 재료를 굽거나 쪄서 만듭니다.

여름에는 토마토, 오이, 루꼴라와 같이 익히지 않고 먹어도 맛있는 채소뿐만 아니라 다양한 과일을 만날 수 있어 각종 샐러드를 만들지만, 그중에서도 즐겨 만드는 샐러드는 판차넬라입니다. 판차넬라는 이탈리아 토스카나 지방의 전통적인 샐러드로, 만든 뒤 며칠이 지나 딱딱해진 빵을 물에 적셔 불린 뒤, 생채소, 드레싱을

곁들이는 요리입니다. 오래된 빵도 맛있게 먹을 수 있는 요리법을 연구해낸 이탈리아 사람들의 지혜를 엿볼 수 있는 메뉴이기도 합니다. 또한 불을 쓰지 않고도 순식간에 만들어낼 수 있는 만큼, 집들이 등 손님 상차림을 위해 여러 요리를 동시에 진행해야 하는 날, 활약해주는 메뉴이기도 합니다.

오이, 토마토 등 익숙한 재료로 쉽게 만들 수 있고, 빵이 들어가 있어 한 끼 식사로도 든든하다는 점도 빼놓을 수 없답니다. 초당옥수수, 루꼴라 등 원하는 재료를 곁들여 나만의 판차넬라를 만들어 보는 재미도 쏠쏠합니다.

재료 3인분

치아바타 반 덩이 또는 바게트 두 주먹(딱딱해진 것을 사용해도 좋다.)
토마토 반 개
오이 한 개
양파 1/8개
바질 5~6장
이탈리안 파슬리 다져서 반 큰술 정도

빵 양념
올리브유 1/2작은술
발사믹식초 1/2작은술
소금 한 꼬집

샐러드 드레싱
올리브유 1/2큰술
발사믹식초 1작은술

만드는 과정

1. 토마토는 1cm 폭으로 깍둑 썰고 오이는 1mm 두께로 동그랗게 썬다. 양파는 결과 반대 방향으로 얇게 썰고 소금물에 담가둔다. 썰어둔 토마토와 오이에는 소금을 두세 꼬집 정도 버무려둔다.

2. 한입 크기로 뜯은 치아바타 또는 바게트에 섞어둔 빵 양념을 부어둔다. 빵이 단단하면 물에 적신 뒤 수분을 가볍게 짠 뒤 양념을 버무린다.

3. 썰어둔 토마토와 오이에서 수분이 올라오면 오이는 가볍게 짜고 토마토에서 흘러나온 수분은 따라 버린다. 소금물에 담가두었던 양파도 천으로 가볍게 눌러 물기를 제거한다.

4. 1, 2에 다진 바질, 이탈리안 파슬리와 드레싱을 넣고 버무린다.

Tips

딱딱하게 마른 빵을 쓰는 경우 물에 부드럽게 적시고, 수분을 가볍게 짜낸 뒤 사용한다.

민트 크림스프

여름철 브런치 메뉴로 어울리는 스프를 소개할게요. 시원하면서도 달콤한 애플민트와 채소의 맛이 자연스럽게 어우러진 민트 크림스프예요. 주재료로 사용한 채소의 정체는 애호박과 오이인데, 말하지 않으면 그 정체를 상상도 못할 맛이랍니다. 약한 불에서 천천히 볶아 애호박의 단맛과 오이의 시원한 맛은 살리고, 뚜껑을 살짝 연 채 은근하게 끓여 애호박의 텁텁한 맛과 오이의 쌉쌀한 맛은 날려주었으니까요. 따뜻하게 먹어도 맛있고, 민트가 들어간 만큼 차갑게 식혀 먹는 것도 어울리는 스프입니다.

재료 3~4인분

애호박 한 개
오이 1/2개
양파 1/2개
현미밥 1큰술

소금 1/2작은술
애플민트 30장
다시마 채수 약 500ml(178쪽 참고)
두유 100ml

만드는 과정

1. 애호박, 오이, 양파는 채 썰어둔 뒤 수분이 올라오도록 소금을 한두 꼬집 버무려둔다.

2. 냄비에 약하게 달군 뒤, 기름을 두르고 소금을 뿌려둔 양파를 넣는다. 뚜껑을 덮어 양파가 투명해지도록 익힌다.

3. 양파가 투명해지면 소금을 뿌려두었던 오이, 애호박을 뚜껑을 덮어 익힌다.
애호박과 오이가 충분히 투명하게 익으면 다시마 채수를 자작하게 붓는다. 현미밥을 넣고 끓인다.

4. 끓기 시작하면 불을 약하게 낮추고, 뚜껑을 비스듬히 걸친 채 현미밥이 부드러워질 때까지 끓인다.

5. 현미밥이 충분히 부드러워지면 체온 정도가 될 때까지 식힌 뒤, 애플민트를 넣고 블렌더로 간다. 필요에 따라 다시마 채수를 더해 원하는 농도로 맞추고 소금으로 간한다.

6. 5를 다시 약불에서 가볍게 데우고 불에서 내린다. 두유를 넣고 섞는다.

Tips

1) 애호박에 채수를 붓고 끓이면 텁텁한 냄새가 난다. 냄새가 날아가게끔 뚜껑을 살짝 열어둔 채 끓인다.
2) 애플민트는 가열하면 향이 날아가니 충분히 식었을 때 넣는다.

8월의 밥상

가지덮밥

가지는 많은 어린이들이 썩 반가워하지 않는 채소 아닐까요. 자칫 조리를 잘못하면 물컹하거나 기름지게 되어버려 축 늘어지고 식감도 좋지 않습니다. 게다가 잘못 찐 가지는 보라색을 넘어 푸른 빛이 돌아, 도무지 먹고 싶다는 마음이 들지 않습니다.

    겉모습이 예쁘다고 해서 더 맛있는 것은 아니지만, 정성스럽게 담지 않거나 색 조합이 지나치게 단조로운 음식은 처음 접하는 사람의 경계심을 불러일으킵니다. 대충 찌고 대충 보관해 퍼렇게 변해버린 가지찜을 먹고 싶지 않은 것처럼요.

채소를 싫어하거나 가공식품에 길들여진 입맛을 가진 사람을 '초딩 입맛'이라고 부르기도 하지만, 어린이들에게는 잘못이 없습니다. 그렇지 않아도 음식에 대한 경험이 부족해, 새로운 음식에 대한 경계심이 많은데, 먹음직스럽지도 않고 재료의 장점을 살리지 못한 요리를 대접한다면 채소에서는 멀어지고, 쉽게 입맛을 사로잡을 수 있는 가공식품에 손을 뻗게 되는 것은 당연한 일입니다.

똑같이 가지를 볶아 내어주어도, 보랏빛 가지와 빨간 파프리카를 짭짤하게 볶고, 하얀 무와 초록빛 쪽파를 소복하게 올린 덮밥을 만들어준다면 반응이 달라질 겁니다. 파를 싫어한다면 어린잎 채소 등 다른 녹색 채소로 바꾸어도 좋겠죠. 가지에 통밀가루로 얇게 옷을 입혀서 굽는 것 또한, 느끼해지기 쉽다는 단점을 없애고, 가지의 부드럽고 촉촉하다는 장점을 살리는 방법입니다.

하지만, 이렇게 노력해도 정 가지를 싫어한다면 취향의 차이이니, 싫어하는 음식을 억지로 해주기보다 다른 채소 요리를 해주면 됩니다. 아이들의 취향도 존중해주어야 합니다. 아이들은 어른들보다 경험이 부족합니다. 경험이 부족한 아이들과 함께 밥상을 함께할 때에 '초딩 입맛'이라고 놀리거나 본인의 취향을 강요하기보다는, 처음 만나는 음식과 아이가 좋은 기억을 만들 수 있도록 노력하는 어른이 많아지면 좋겠습니다.

만드는 과정

1 양파는 결을 따라 0.5cm 폭으로 썰고, 파프리카는 한입 크기로 썰어둔다. 쪽파는 송송 썰고 무는 강판에 갈아, 수분을 살짝 짜둔다. 가지를 동그랗게 1cm 폭으로 썰고 통밀가루 옷을 입힌 뒤 여분의 가루는 털어낸다.

2 결을 따라 채 썬 양파를 중불에 투명하게 볶는다. 파프리카도 볶는다. 통밀가루 옷을 입힌 가지를 더하고 노릇하게 익힌다.

3 가지가 노릇하게 익으면 잠시 불에서 내려 한 김 식힌다. 섞어둔 양념을 넣고 다시 중불에서 끓인다. 양념이 녹진해지면 불에서 내린다.

4 그릇에 밥과 3을 얹고 쪽파와 갈아둔 무를 올려 완성한다.

재료 3인분

가지 한 개
양파 반 개
붉은 파프리카 반 개
쪽파 한 줄기
무 3cm
통밀가루 적당량

양념

물 반 컵
간장 4.5큰술
참기름 1/2작은술
전분 1/2작은술

미네스트로네

미네스트로네는 이탈리아의 채소 스프인데, 우리나라의 나물이 그렇듯 명확한 정의나 정해진 레시피는 없습니다. 어떤 레시피에서는 생토마토를 넣는가 하면 토마토 페이스트를 넣는 레시피도 있고, 콩이나 곡물, 파스타 그 밖의 부재료도 모두 다릅니다. 이 또한 나물과 마찬가지로 서민들의 음식이었기 때문일 겁니다. 그 계절, 그 지역에서 가장 흔한 재료를 사용해 물을 넉넉히 붓고 배를 채울 수 있던 서민의 음식. 이탈리아의 농가에서는 이렇게 계절마다 다른 미네스트로네를 먹으며 삶을 버텨냈습니다.

지구 반대편의 음식이지만 저에게 미네스트로네는 마크로비오틱을 고스란히 적용한 음식입니다. 그 계절, 그 지역에서 나는 것을 먹으며 몸을 환경에 적응시키는 것. 미네스트로네를 만들다 보면 마크로비오틱을 실천한다는 것은 특정 국가의 새로운 문화를 받아들이는 것이 아니라, 그 지역에서 자연스럽게 나고 자란 재료를 사용한 로컬푸드를 만드는 것일 뿐이라는 생각이 듭니다.

이탈리아가 아닌 한국에 살고 있는 저는 계절별로 우리나라의 식재료를 사용해 미네스트로네를 만듭니다. 때문에 '미네스트로네'라는 이탈리아식 이름이 무색하게도 초봄에는 냉이가 들어가 있고, 11월에는 돼지감자가 들어가 있기도 합니다. 나폴리 피자 협회와 나폴리 피자 약관을 만들 정도로 자국의 식문화에 자부심이 대단한 이탈리아 사람들이 저의 미네스트로네를 보면 뒷목을 잡을 것도 같습니다. 다행히 이번 레시피에서는 감자, 토마토 등 여름 재료를 듬뿍 사용했으니 본고장 이탈리아 사람들이 크게 노하지는 않기를 바랍니다.

만드는 과정

1. 당근은 1cm 폭으로 깍둑 썰어 소금을 한두 꼬집 뿌려둔다. 셀러리와 토마토도 1cm 폭으로 깍둑 썬다. 양파는 0.5cm 정도 폭으로 채 썰고 감자는 0.5cm 두께의 은행잎 모양으로 썬다.

2. 달구지 않은 냄비에 소량의 기름과 마늘을 넣고 마늘향이 올라올 때까지 중약불에서 달군다.

3. 마늘향이 올라오면 양파를 넣고 양파가 반투명해질 때까지 익힌다.

4. 양파가 반투명해지면 셀러리, 당근, 감자 순서대로 볶는다. 감자 표면이 투명해지면 채수와 드라이 오레가노를 넣고 끓인다.

5. 4가 끓기 시작하면 소금을 넣고 감자가 익을 때까지 중약불에서 끓인다.

6. 감자가 완전히 익으면 토마토를 넣고 한소끔 끓여 불에서 내린다. 그릇에 담고 올리브유를 소량 둘러 완성한다.

재료 3인분

당근 1/6개
양파 반 개
감자 한 개
셀러리 5cm
마늘 2쪽
토마토 반 개
다시마 채수 3컵(178쪽 참고)
소금 1/2작은술
드라이 오레가노 1/2작은술
올리브유 적당량

고구마줄기나물

누군가의 악착같은 집념이 있었기에 쓰레기가 아닌, 훌륭한 먹거리가 된 재료도 있습니다. 저에게는 고구마줄기가 그런 재료입니다. 달콤하고 저장하기도 좋은 데다가 배도 채워주는 고구마를 캐고 나면, 그 줄기에는 눈길도 주지 않을 법도 합니다. 그런 고구마의 줄기까지 챙겨두고는 엄지손가락을 시커멓게 물들여가며 손질해 먹을 생각을 하다니. 보통 집념이 아닙니다. 하지만 그들의 무거운 엉덩이와 집념, 엄지손가락이 있었기에 8월 중순 무렵에 짧게 즐길 수 있는 고맙고 새침한 반찬거리가 하나 늘었습니다.

그뿐인가요. 다른 문화권에서는 고구마만 쏙 빼먹겠지만 우리나라에서는 고구마라는 식물의 먹을 수 있는 부분을 최대한 버리

지 않고 먹고 있는 셈입니다. 이 또한 재료를 소중히 생각하고 그 생명력을 최대한 얻어 오는, 참으로 마크로비오틱한 식생활입니다.

만드는 과정

1 고구마줄기는 잎을 제거하고 굵은 소금(분량 외)을 비벼 수분이 올라올 때까지 기다린다. 촉촉하게 수분이 생기면 껍질을 벗긴다.

2 마늘을 곱게 다지고 쪽파는 송송 썬다.

3 끓는 물에 고구마줄기를 살캉할 정도로 삶는다. 숨이 죽으면 건지고 체에 밭쳐 한 김 식히고 먹기 좋은 크기로 썬다.

4 기름을 두른 팬에 마늘과 파를 넣고 향이 오르도록 약불에 볶는다. 향이 오르면 중불로 올리고 고구마줄기를 볶는다. 고구마줄기가 따끈해지면 물과 소금, 국간장을 넣고 뚜껑을 덮어 찌듯 익힌다.

5 수분이 졸아들면 들깻가루를 버무려 완성한다.

재료 만들기 쉬운 양

고구마줄기 반 단(잎이 달린 채로 약 300g)
마늘 한 쪽
쪽파 두 줄기
물 약 1/4컵
소금 두세 꼬집
국간장 1/2작은술
들깻가루 1작은술

오크라와 냉두부 샐러드

오크라는 우리나라에서는 좀처럼 만나기 어려운 채소였는데, 몇 년 전부터 여름이 끝나갈 무렵 장터에 나서면 종종 그 모습을 볼 수 있습니다. 생긴 건 고추처럼 생겼는데 맛과 식감은 고추와 전혀 다릅니다. 마처럼 미끈한 식감도 갖고 있고 줄기콩처럼 아삭하기도 합니다. 무엇보다도 오크라의 매력은 썰어낸 단면에서 폭발합니다. 하얀 구슬을 품은 별과도 닮은 모습인데, 이 모습이 무척 귀여워 가볍게 데쳐낸 뒤 얇게 썰어 스프나 샐러드에 토핑하기도 합니다. 데친 오크라 특유의 아삭한 식감을 좋아하기 때문에 주로 차갑게 먹는데, 차갑게 식힌 메밀국수나 소면과도 어울리고, 투명한 유리컵에 연두부, 미역을 곁들이고 상큼한 소스를 끼얹어 상에 내면 식전 애피타이저로도 훌륭합니다.

재료 3인분
오크라 작은 것 5개
미역 반 작은술
연두부 한 팩 (350g)
현미식초 반 큰술
간장 반 큰술
참깨 적당량

만드는 과정

1. 연두부를 팩에서 꺼내 체에 밭쳐 여분의 수분을 제거하고 한입 크기로 깍둑 썬다.

2. 오크라는 소금에 비벼 솜털을 제거하고, 꼭지 부분의 거친 부분을 도려낸다.

3. 끓는 물에 오크라를 넣고 짙은 녹색이 될 때까지 데친 뒤 건진다. 같은 물에 미역을 부드럽게 데친 뒤 한입 크기로 썰어둔다. 오크라가 식으면 2mm 정도 두께로 슬라이스한다.

4. 썰어둔 연두부를 그릇에 담는다. 오크라, 미역을 얹고 현미식초와 간장을 끼얹는다. 통깨를 뿌려 마무리한다.

9월의 밥상

우엉 곤약밥

열매채소들이 뿌리채소에 순서를 넘겨줄 때가 왔습니다. 올 가을, 겨울에도 오래도록 밥상을 지켜줄 우엉을 밥상에 올리며 가을의 문을 열어봅니다. 간장에 졸여도, 볶아도 맛있는 우엉이지만 아직 날이 따뜻해 가벼운 것이 어울릴 테니, 가볍게 볶고 곤약과 함께 밥을 지어봅니다. 간을 조금 더해 달콤짭짤하게 먹는 것도 맛있지만, 아직 춥지 않은 철에는 삼삼하게 먹는 것을 좋아하니 간은 과하지 않게 하는 것이 저의 스타일입니다. 곁들이는 재료도 특별한 개성이 없는 곤약입니다. 다만, 개성이 없다 해서 무시하면 큰코다칩니다. 곤약은 제대로 전처리를 하지 않으면 비린내가 고약하니, 조금만 수고를 해줍니다.

만드는 과정

1. 곤약에 소금 두세 꼬집을 뿌리고 문질러 수분이 올라올 때까지 잠시 둔다. 수분이 올라오면 끓는 물에 데쳐 건져둔다. 2~3cm 길이로 얇게 썰어둔다. 우엉은 연필을 깎듯 깎고, 표고버섯은 물기를 짜고 얇게 썰어둔다.

2. 약불로 달군 팬에 기름을 두르고, 우엉, 곤약, 표고버섯 순서로 볶아 양념용 소금과 간장으로 간을 해둔다.

3. 압력밥솥에 현미와 2, 물, 소금을 넣고 밥을 짓는다.

4. 밥을 그릇에 담고, 구운 김과 쪽파를 얹어 완성한다.

재료 5~6인분

현미 두 컵 반
물 현미의 1.3배
소금 1/4작은술
다시마 5*5cm 한 쪽
곤약 100g
불린 표고버섯 2개
우엉 20cm 정도(80g)

양념

소금 1/4작은술
간장 1작은술
구운 김
쪽파 적당량

아욱 된장국

'가을 아욱국은 사립문 닫고 몰래 먹는다'라는 속담이 있을 정도로 가을의 아욱국은 별미 중의 별미입니다. 다만, 소화하기 어려울 정도로 억센 부분도 있으니 아욱을 잘 다듬고 요리합니다. 풋내가 나기도 하니 소금으로 손질하고 물에 볶은 뒤 채수에 끓여냅니다.

만드는 과정

1. 아욱을 손질한다. 줄기를 꺾고 잎 쪽으로 잡아당겨 억센 섬유를 제거한다. 소량의 굵은 소금을 담은 볼에 아욱을 넣고 녹색 물이 나올 때까지 바락바락 주무른다. 녹색 물이 나오지 않을 정도가 되면 헹궈내고 한입 크기로 썰어둔다.

2. 당근은 반달 모양으로 얇게 썰고, 무는 나박썰어둔다. 된장은 채수 소량(177-178쪽 참고)과 함께 개어둔다.

3. 아욱, 당근, 무 순서로 물에 볶는다. 아욱은 풋내가 사라질 때까지 물에 볶는다(157쪽 참고). 채수를 넣고 끓인다.

4. 아욱이 부드러워지면 된장을 풀어 넣고 한소끔 끓인 뒤 불에서 내린다.

재료 3~4인분

아욱 150g
당근 1/6개
무 1cm
채수 3컵(다시마 채수와 표고버섯 채수를 7:3 비율로 섞은 것)
된장 1.5큰술
굵은 소금 1큰술 정도

매콤 고구마 조림

8월에 고구마의 줄기를 먹었다면 이제 땅 속에 숨어 있던 고구마에게 순서를 넘겨줄 차례입니다. 쪄 먹어도 구워 먹어도 맛있는 고구마지만, 생각해보면 정작 고구마를 사용한 요리는 많지 않습니다. 본연의 단맛이 강하니 밥에 곁들이는 반찬보다는 주로 간식의 재료로 발전해온 것 같습니다. 하지만 고추장과 다진 마늘을 곁들여 매콤하면서도 칼칼한 맛을 더하면 밥반찬으로도 손색없습니다. 게다가 고구마의 은은한 단맛이 어우러져 감미료를 더하지 않고도 매콤 달콤하게 만들 수 있습니다.

만드는 과정

1. 양파, 고구마, 당근을 모두 1.5cm 폭으로 깍둑 썬다. 당근에는 소금을 한 꼬집 뿌려둔다.

2. 냄비를 중불로 달구고 기름을 둘러, 양파, 당근, 고구마 순서로 볶는다. 모든 재료가 가볍게 익으면 냄비 바닥을 살짝 덮을 정도 양의 물(분량 외)을 붓고 뚜껑을 덮어 찌듯 익힌다.

3. 수분이 졸아들면, 다시마 채수와 양념을 풀어 넣고 약불에서 졸인다. 국물이 졸아들고, 재료가 익으면, 불에서 내리고 그릇에 담는다. 취향에 따라 쪽파를 뿌려 마무리한다.

재료 3인분

양파 반 개
고구마 한 개
당근 1/4개
다시마 채수 반 컵(178쪽 참고)

양념

고추장 1/2큰술
간장 1작은술
다진 마늘 1/4작은술

커리향 매쉬드 펌킨

감자나 고구마 등의 구황작물을 부드럽게 으깬 샐러드, 범벅을 좋아합니다. 패밀리 레스토랑에서 외식을 할 때에도 메인 메뉴인 스테이크보다도 사이드 메뉴로 주문할 수 있는 매쉬드 포테이토를 더 좋아할 정도였습니다. 하지만 기름진 스테이크와 함께 버터, 생크림을 듬뿍 넣은 매쉬드 포테이토까지 먹고 돌아오면 뱃속은 더부룩하고 대낮부터 잠이 쏟아졌습니다.

지금은 감자, 단호박 등을 으깬 요리를 만들더라도 과감하게 버터, 생크림은 생략합니다. 소량의 두유와 국간장을 더하면 부드러우면서도 꼬릿한 치즈 같은 풍미를 즐길 수 있습니다. 말린 무화과와 커리 가루를 더하는 것도 좋아하는데, 도시락 반찬, 와인 안주, 샌드위치 재료 등으로 다양하게 사용할 수 있습니다.

만드는 과정

1. 양파를 굵게 다진다. 양파에 소금(분량 외) 한 꼬집을 버무려둔다. 수분이 나오면 물을 부어 매운맛을 뺀다. 10분 이상 둔 뒤, 건져내고 천으로 물기를 닦아둔다. 단호박은 먹기 좋은 크기로 썰어둔다. 말린 무화과는 1cm 폭으로 깍둑 썰어둔다.

2. 냄비에 단호박을 넣고 단호박 높이의 1/3 정도 잠길 물을 붓고 뚜껑을 덮어 끓인다. 젓가락 등으로 찔러보아 80% 정도 익었을 쯤, 물을 냄비 바닥에서 1cm 남을 정도만 남기고 버린다. 다시 뚜껑을 덮고 중불 이상에서 수분을 바짝 날려 포실포실하게 찐다.

3. 단호박의 껍질을 도려내고 한입 크기로 썬다. 노란 과육 부분은 뜨거울 때 양념을 더해 으깬다. 한 김 식으면 양파와 무화과도 넣고 섞는다. 골고루 섞이면 마지막에 썰어둔 단호박 껍질도 넣는다. 취향에 따라 아몬드를 다져 올려 완성한다.

재료 3인분

단호박 200g(작은 것 반 개 정도)
양파 1/8개
반건조 무화과 네 쪽 또는 무화과 한 개 말린 것

양념
국간장 1/4작은술
소금 1/4작은술
커리가루 1/2작은술
두유 1작은술
아몬드 적당량

Tips

단호박 껍질도 함께 으깨면 색이 칙칙해지니, 단호박 껍질은 두툼하게 도려내고 굵게 썰어 마지막에 더한다.

10월의 밥상

밤 당근 양념밥

햅쌀이 나오기 시작하는 시기입니다. 햅쌀을 들여오고 난 뒤에는, 밥에 다른 양념은 하지 않고 오직 햅쌀밥에서만 느낄 수 있는 윤기와 향, 찰기를 만끽합니다. 이 역시 열두 달을 기다려야만 즐길 수 있는 미식 중의 미식입니다.

한편, 햅쌀이 나오기 직전에는 채소와 간장과 소금 등을 넣고 지은 양념밥을 즐겨 먹습니다. 다른 반찬이 없어도 되니 편하고, 남은 밥으로 주먹밥을 빚어 구워 먹는 것 또한 별미입니다. 손님 접대용으로도 그만이니, 저에게는 생활 속 다양한 장면에서 활약해주는 효자 같은 메뉴입니다.

만드는 과정

1. 우엉은 연필 깎듯 깎고, 당근은 5mm 폭으로 깍둑 썰어둔다. 말린 표고버섯은 불려 머리는 얇게 썰고 기둥은 결을 따라 찢어둔다(채수를 낸 뒤 남은 표고버섯을 사용해도 좋다). 유부는 한 번 데친 뒤, 마른 천으로 기름기와 물기를 제거해 채 썬다.

2. 약불로 달군 냄비에 기름을 소량 두르고 우엉을 특유의 흙 향이 날아갈 때까지 볶는다. 우엉의 흙 향이 날아가면, 표고버섯을 볶고 간장(분량 외)을 소량 더해 밑간한다.

3. 압력밥솥에 현미와 당근, 밤, 유부, 간장, 소금, 2의 우엉, 표고버섯을 넣고 분량의 물을 넣고 밥을 짓는다.

재료 4인분

현미 두 컵
깐 밤 4개
우엉 약 5cm(20g)
당근 약 1/6개(30g)
말린 표고버섯 1개(채수를 내고 남은 것을 사용해도 좋다.)
유부 5~6cm 길이의 정사각형 유부 1장
간장 2작은술
소금 2작은술
물 평소 넣던 물 양에서 2작은술 정도 줄인다.

버섯전골

전골은 사람 사이의 거리를 가깝게 해주는 힘을 가진 신기한 음식입니다. 전골을 떠먹으려면 의자를 조금 더 끌어 앉아야 하기에 우선 물리적인 거리가 가까워지는데, 전골을 먹다 보면 마음의 거리도 가까워져 있습니다. 먹고 싶은 건더기를 물어보고 냄비에서 자리가 먼 사람의 앞접시에 전골을 덜어주기도 하고, 전골의 열기에 벌개진 서로의 얼굴을 보고 웃음이 터지기도 합니다. 전골에 어떤 재료를 넣어 먹는 것을 좋아하는지 물어보며 서로의 취향을 알아가기도 하고, 채소를 건져 먹고 남은 국물에 당면을 넣을지 칼국수 면을 넣을지 열띤 토론을 벌이기도 하죠. 든든하게 면까지 말아 먹고 나면 어느덧 창문에는 뿌연 수증기가 맺혀 바깥 풍경이

보이지 않습니다. 그 덕에 바깥 세상과 격리되어 우리만의 시간을 보내고 있다는 생각도 듭니다. 함께 한 냄비의 전골을 나눈 사이는 그만큼 각별해집니다.

만드는 과정

1. 각종 버섯을 먹기 좋은 크기로 찢어둔다. 표고버섯은 머리와 기둥을 나누고, 머리는 도톰하게 편 썰고 기둥은 결을 따라 찢는다. 당근은 약 0.3cm 두께로 동그랗게 썰고, 대파는 도톰하게 어슷 썬다. 양파는 약 1.5cm 두께로 결을 따라 썰어둔다. 유부는 끓는 물에 삶아 기름기를 제거해둔다. 쑥갓은 줄기와 잎을 나누고, 5cm 정도로 썰어둔다.

2. 기름을 두르지 않고 약불에 달군 냄비에 손질해둔 유부를 넣고 바싹 구워둔다. 구운 유부는 원하는 크기로 썰어둔다.

3. 2의 냄비에 기름을 더하지 않고 양파와 대파를 약불에 그을리듯 살짝 익힌다.

4. 냄비 한편을 비우고 슬라이스 해둔 표고버섯 머리와 찢어둔 표고버섯 기둥을 넣고, 먼저 넣어둔 양파와 대파로 덮는다. 냄비 뚜껑을 덮고 약불에서 3~5분 정도 익혀 표고버섯의 숨을 죽인다.

재료 3인분

유부 5cm 길이 정사각형 3장
대파 흰 부분 한 줄기
양파 큰 것 반 개
새송이버섯 1개
느타리버섯 2줌
팽이버섯 1줌
생표고버섯 2개
당근 1cm
쑥갓 약 두 줄기
간장 2큰술
다시마 채수 2컵(178쪽 참고)

5 반 정도 표고버섯의 숨이 죽으면 준비한 간장의 반 정도 양을 넣고 졸인다. 간장이 졸아들고 채소에 간장이 배면, 준비한 채수와 나머지 간장, 쑥갓 잎 이외의 모든 재료를 넣고 끓인다. 끓기 시작하면 불을 약하게 낮추고 뚜껑을 덮어 버섯이 충분히 익을 때까지 끓인다.

6 버섯이 익으면 마지막으로 쑥갓 잎을 더해 완성한다.

Tips

1) 양파와 대파는 가볍게 그을려야 더 맛이 진해지니 지나치게 자주 뒤집거나 기름을 더하지 않는다.
2) 취향에 따라 불린 당면, 우동 등을 더해도 맛있다.

튀기지 않는 고구마 크로켓

크로켓은 식어도 맛있게 먹을 수 있는 만큼, 상차림 메뉴나 도시락 반찬으로도 훌륭하다는 장점이 있지만, 기름을 처리해야 하는 번거로움과 몸에 부담이 된다는 단점도 가진 음식입니다. 하지만 미리 노릇하게 구워둔 빵가루로 옷을 입히고 오븐에 구워 낸다면, 튀기지 않고도 크로켓을 만들 수 있습니다. 기름이 없어 소화도 잘 되고, 식감은 튀긴 크로켓 못지않습니다.

크로켓 소와 옷 재료가 준비 되었다면, 손님 또는 가족에게 앞치마를 입혀주고 함께 크로켓 옷을 입힙니다. 요리를 하는 수고도 덜 수 있고, 상대방도 '극진한 대접을 받았다'라는 부담감을 내려놓고 조금 더 편하게 머무르다 갈 수 있습니다. 어린이 손님에게는 '요리를 해보았다'는 경험을 선물해줄 수도 있습니다.

만드는 과정

1. 양파와 당근은 새끼손톱 반 개 정도 크기로 깍둑 썬다.
2. 다진 생강 1/4작은술과 양파, 당근을 볶아 식혀둔다.
3. 고구마를 찌기 좋은 크기로 썰고 껍질째 쪄서 으깬다. 뜨거울 때 양념과 2의 재료를 넣고 섞는다. 수분이 적은 고구마이면 필요에 따라 두유를 소량 첨가해 빚기 좋은 농도로

재료 6~7개 분량

양파 1/4개
당근 1/6개
다진 생강 1/4작은술
고구마 중간 크기 1개
두유, 파슬리, 통밀가루,
빵가루 적당량

양념

다진 생강 1/2작은술
소금 1/4~1/2작은술

Tips
양념으로 다진 생강 대신 다진 셀러리 잎을 사용하는 것도 어울린다.

조절한다. 식으면 탁구공보다 조금 작은 공 모양으로 빚어둔다.

4 기름을 두르지 않은 팬을 중약불로 달궈, 빵가루를 볶는다. 빵가루가 너무 굵다면 미리 가볍게 갈아둔다. 빵가루가 노릇해지면 불에서 내린다.

5 통밀가루에 풀어둔 달걀 정도 농도가 될 양의 물을 넣고 섞어둔다.

6 3의 크로켓 소에 5를 묻히고 4의 빵가루를 골고루 입힌다.

7 오븐팬에 6을 올리고 가볍게 기름을 두른다. 230℃의 오븐에서 10분 정도 굽는다. 꺼내서 취향에 따라 다진 파슬리를 올린다.

쑥갓 단감 두부무침

양념밥이나 전골처럼 진한 맛의 요리를 메인 메뉴로 만든 날에는, 두부무침처럼 가벼운 맛의 반찬을 곁들입니다. 쑥갓과 단감은 둘 다 개성이 강한 식재료이지만, 부드러운 맛의 참깨 두부소스와 버무리면 쑥갓의 쌉쌀함과 단감의 달콤함이 조화롭게 어우러집니다.

만드는 과정

1 두부는 소금물에 데치고 면보로 감싼 뒤 무거운 것으로 눌러두어 물기를 제거해둔다.

2 참깨를 곱게 갈고 두부도 푸드프로세서 또는 절구에 넣고 곱게 간다. 빵에 바르는 크림치즈 같은 농도가 될 때까지 간다. 국간장, 다진 마늘, 참기름을 더해 참깨 두부소스를 완성한다.

3 쑥갓은 데친 뒤 가볍게 물기를 짜두고, 단감은 단단한 껍질을 벗겨 채 썰어둔다.
쑥갓이 식으면 단감, 참깨 두부소스와 버무려 완성한다.

재료 4인분

쑥갓 반 단
단감 1/4개
두부 반 모
참깨 1큰술
국간장 1/2작은술
다진마늘 1/4작은술
참기름 1/2작은술

11월의 밥상

양파 비니그릿을 곁들인 가을채소 샐러드

장바구니가 무거워지는 계절이 돌아왔습니다. 바야흐로 무의 계절입니다. 대중교통을 타고 장을 보러 다니니, 매년 이맘때면 장바구니에서 삐죽 튀어나온 무청이 지하철 옆자리 승객의 옆구리를 찌르는 미안한 일이 생기기도 합니다.

김치로도, 나물로도 맛있는 무이지만, 큼직하게 썰고 기름을 가볍게 둘러 오븐에 구우면 깊은 맛과 포근한 식감이 일품입니다. 보라무, 수박무 등 이름도 단면도 예쁜 다양한 품종의 무를 만날 수 있으니, 마음에 드는 무를 여러 가지 섞어보는 것도 좋습니다. 구수하게 익힌 퀴노아와 상큼한 양파 비니그릿을 곁들이면 가을에 어울리는 따뜻한 샐러드로도, 메인 요리로도 훌륭합니다. 양파 비니그릿은 유리병에 밀봉해 일주일 정도 냉장보관 가능하고, 다양한 샐러드의 드레싱으로도 어울립니다.

만드는 과정

1. 양파 비니그릿을 만든다. 양파를 굵게 다지고 소금을 뿌려둔다. 수분이 올라오면 식초, 올리브유와 섞어둔다.

2. 끓는 물에 잘 씻은 퀴노아를 넣고 잘 젓는다. 다시 물이 끓어오르면 뚜껑을 덮고 아주 약한 불에서 10분 짓는다. 뚜껑을 열어보아, 바닥에 깔린 수분이 없고 퀴노아가 잘 익어 있으면 불에서 내린다. 위아래를 골고루 섞고 뚜껑을 덮어 10분 이상 뜸을 들인다.

3. 무를 1cm 두께의 먹기 좋은 크기로 썬다. 맷돌호박과 무청도 먹기 좋은 크기로 썬다. 무, 호박, 당근, 무청에 기름을 넉넉히 바르고 220도로 예열한 오븐에서 10~15분 굽는다. 젓가락으로 찔러보아 무가 부드럽게 익으면 꺼낸다.

4. 3이 뜨거울 때 2의 퀴노아와 양파 비니그릿, 해바라기씨와 버무려 완성한다.

Tips

바닥이 두껍지 않은 냄비에 퀴노아를 짓는다면 레시피 양보다 물을 더 넣고 시간도 더 들여 짓는다.

재료 2~3인분

수박무, 보라무 등 원하는 무 2cm
맷돌호박 세로로 1cm 폭으로 썬 것 한 덩이
미니 당근 3개
무청 3~4줄기
퀴노아 1/4컵
물 5큰술
해바라기씨 1큰술

양파 비니그릿
양파 1/8개
현미식초 1/4작은술
소금 1/4작은술
올리브유 1작은술

연근 톳조림과 무청파스타

이맘때 무를 사면 싱싱한 무청도 얻을 수 있습니다. 지금만 맛볼 수 있는 생무청은 데쳐서 된장국을 끓여 먹어도 맛있고, 잘게 다지고 달달 볶아 밥 위에 올려 먹는 고명을 만들어도 맛있는데 그 중에서도 가장 좋아하는 메뉴는 연근 톳조림을 넣은 무청 파스타입니다. 11월에는 이 파스타를 먹기 위해 연근 톳조림을 만들 정도입니다. 연근과 톳과 무청과 파스타라니. 이게 무슨 혼종인가 싶을 수도 있지만, 놀랍게도 파스타의 본고장 이탈리아에서도 무청을 사용해 비슷한 메뉴를 만든다고 합니다. 물론 연근 톳조림이 들어갈 자리를 앤초비가 차지하고 있지만요.

연근과 톳을 볶고 간장 국물에 졸인 연근 톳조림은 가을, 겨울 냉장고 속을 든든히 지켜주는 저의 상비 반찬입니다. 국물이 없고 짭짤해 5일~일주일 정도는 냉장보관 할 수 있습니다. 한번 만들 때 많이 만들어두고, 밥반찬은 물론, 따끈한 누룽지의 친구로도 즐기고 파스타 재료로도 사용합니다.

연근 톳조림

만드는 과정

1. 톳을 씻고 체에 밭쳐 불린다. 부드러워지면 1cm 정도로 잘라둔다. 연근은 세로로 4등분 하고 얇게 썬다.

2. 중불로 달군 냄비에 기름을 두르고, 연근을 볶는다. 연근이 투명해지면, 톳을 볶는다. 톳에 기름이 충분히 둘러지면 재료가 잠길 정도의 물을 붓고 뚜껑을 덮어 끓인다. 끓기 시작하면 약불로 낮춰 톳이 부드러워질 때까지 끓인다.

3. 손으로 눌러서 톳이 부드러워지면 간장을 넣고 약불에서 국물이 완전히 졸아들 때까지 가열한다.

재료 만들기 쉬운 양

연근 100g
찐 톳 25g
간장 2큰술
물 적당량

Tips

1) 수확 후 한 번 쪄서 말린 '찐 톳'을 사용한다.
2) 해조류와 같이 마른 재료로 조림 요리를 할 때에는, 재료가 수분을 흡수하니 물을 넉넉하게 넣어야 한다.

무청 파스타

만드는 과정

1. 마늘은 얇게 슬라이스하고, 무청은 1.5cm 정도 길이로 썬다.

2. 냄비에 물을 넉넉히 넣고 소금을 한 숟갈(분량 외) 넣고 끓인다. 물이 끓으면 봉지에 적힌 시간대로 파스타를 삶는다.

3. 파스타를 삶는 동안, 프라이팬에 기름을 두르고 약불에서 마늘을 볶는다. 마늘향이 오르면 불을 중불로 올리고 무청을 넣어 볶는다.

4. 삶은 파스타와 파스타를 삶은 물 반 컵, 연근 톳조림을 3의 프라이팬에 더하고 재빨리 볶는다.

5. 소금으로 간하고 그릇에 담는다. 올리브유와 후추로 마무리한다.

재료 3인분

원하는 파스타 약 250g
마늘 2쪽
무청 5줄기
연근 톳조림 반 컵
파스타 삶은 물 약 반 컵
소금 1/2~1작은술
올리브유, 후추 적당량

맷돌호박과 당근 스프

못생긴 얼굴이나 모양새를 호박에 비유하기 시작한 건 누구였을까요. 누가 처음이든 상관없지만, 중요한 건 제 눈에는 호박이 그저 귀여워 보인다는 것입니다. 초록빛 껍질의 단호박도, 둥글넓적한 맷돌호박도, 땅콩을 닮은 땅콩호박도요.

제각각의 예쁨과 귀여움을 자랑하는 호박들은 맛과 식감도 서로 다릅니다. 포실포실하면서도 구수한 단맛을 가진 단호박의 계절이 지나면 맷돌호박의 계절이 돌아옵니다. 늙은 호박, 맷돌호박이라는 이름과 듬직한 겉모습에서 왠지 단호박보다 더 묵직하거나 진한 맛이 날 것 같은 냄새가 풍기지만, 오히려 단호박보다 가볍고 상큼한 맛입니다. 살짝 과장하자면 멜론과 단호박 사이의 맛이라고 표현하면 좋을까요. 그 덕에 뿌리채소와 구황작물의

진하고 묵직한 맛으로 물든 가을의 식탁에 맷돌호박으로 만든 요리를 곁들이면 한층 더 식탁이 다채로워집니다. 다만 맷돌호박이 주인공이 되는 요리를 만들면, 맛이 지나치게 가벼워져 다른 음식과 겉돌 수 있으니, 당근이나 무처럼 상대적으로 묵직한 맛의 주연급 조연들을 함께 사용하는 것을 즐깁니다.

만드는 과정

1. 당근은 채 썰어두고 양파도 가늘게 채 썰어둔다. 맷돌호박은 깍둑 썰어둔다. 당근에 소금을 한두 꼬집 뿌려 수분이 올라올 때까지 기다린다.

2. 냄비에 기름을 두르고 약불에서 당근을 생당근 향이 날아갈 때까지 볶는다.
   양파와 소금 한 꼬집을 넣고 뚜껑을 덮어, 양파가 투명해질 때까지 익힌다. 양파가 투명해지면 뚜껑을 열어 매운 향을 날린다. 썰어둔 호박을 넣고 뚜껑을 덮어 익힌다. 호박이 부드러워지면 물 소량을 넣고 뚜껑을 덮어 증기로 완전히 익힌다.

3. 채수와 월계수 잎을 넣고 끓인다. 끓으면 현미밥을 넣고 약불에서 현미밥이 부드러워질 때까지 끓인 뒤 불에서 내린다.

4. 3이 한 김 식으면 블렌더 또는 믹서기로 부드럽게 간다. 다시 약불에 데운다. 끓으면 소금을 넣고 불을 끄고, 두유를 더해 마무리한다.

재료 3인분

맷돌호박 150g
당근 반 개
양파 반 개
현미밥 1/2 작은술
다시마 채수 2컵(178쪽 참고)
두유 1/4컵
월계수 잎 한 장
소금 1/8~1/4작은술

12월의 밥상

무밥

가을에 수확해둔 무는 생채소가 적은 겨울철, 식탁에 오르지 않는 날이 없는 고마운 채소입니다. 여러 반찬을 차리기에는 고단한 날이라면, 무를 듬뿍 썰어 넣고 밥을 짓습니다. 달큰한 무밥 한 그릇이면 양념장 또는 삼삼한 물김치만 곁들여도 포근한 한 끼 집밥을 차릴 수 있습니다.

만드는 과정

모든 재료를 압력솥에 넣고 밥을 짓는다(25쪽 참고).

재료 약 4인분

현미 두 컵
무 깍둑 썰어 한 컵
물 현미의 1.3배
소금 1/5작은술

무 배추 물김치

직업으로든 취미로든, 요리를 하는 사람들은 발효식품에 빠지는 시기를 한 번쯤은 경험합니다. 빵, 술, 요거트 등 빠져드는 요리도 다양한데, 제가 즐겨 만드는 것은 단연 김치입니다. 냉장고에 잘 익은 김치가 한 종류 있다면, 반찬이 없는 날에도 마음이 든든합니다.

고춧가루로 양념을 한 빨간 김치도 맛나지만, 겨울철에는 남녀노소가 좋아하는 말간 국물의 물김치도 빼놓을 수 없습니다. 기름진 음식을 먹을 때의 입가심으로도 좋으며, 삶아 찬물에 씻은 메밀면을 말아 물막국수로 먹는 재미도 있습니다.

만드는 과정

1 알배추와 무, 당근, 배는 나박 썰고, 쪽파는 3cm 정도로 썰어둔다. 알배추는 물 3컵과 소금 반 컵을 섞은 소금물에 절이고, 무, 당근, 배는 각자 분량의 소금을 버무려 한 시간 정도 가볍게 숨이 죽도록 절인다.

2 현미풀을 만든다. 다시마 채수에 지어둔 현미밥을 넣고 블렌더로 곱게 간다. 냄비에 옮겨 담고 한소끔 끓인 뒤 불에서 내려 충분히 식힌다.

3 1의 채소가 숨이 죽으면 체에 밭쳐 물기를 털어둔다.

4 양념 국물을 만든다. 물에 소금, 국간장을 더해 간을 한다. 간 마늘과 간 생강을 체에 곱게 걸러 넣는다. 절여둔 채소와 배, 삭힌 고추, 현미풀과 각종 양념을 넣고 뚜껑을 덮어 실온에서 하루 이틀 정도 발효시킨 뒤 냉장보관한다.

재료 만들기 쉬운 양

알배추 한 통(약 1kg) + **물** 3컵 + **소금** 반 컵
무 나박 썰어 크게 두 줌 + **소금** 1작은술
당근 1/3개 + **소금** 한두 꼬집
배 반 개 + **소금** 1/2작은술
쪽파 10줄기

현미풀
다시마 채수 1컵 반(178쪽 참고)
현미밥 4큰술

양념
물 1.5리터
소금 3큰술
국간장 1큰술
간 생강 1작은술
간 마늘 2작은술
삭힌 고추 4개

Tips

1) 물김치에서 조금씩 거품이 오르기 시작하면 잘 익었다는 신호이니, 반나절에 한 번씩 거품이 오르는지 확인하고 잘 익었으면 냉장보관한다.

2) 물김치를 담글 때에는 국물을 짭짤하게 만들고, 먹기 전에 물이나 채수로 희석한다. 국물이 짭짤하지 않으면 채소가 무르기 쉽고, 국수를 말아 먹기에는 다소 싱겁게 느껴질 수 있다.

3) 고추철에 고추를 뜨거운 소금물에 삭혀두면 겨울철 동치미, 물김치 등 밑반찬 재료에 두루 사용할 수 있다. 삭힌 고추는 풋고추 무게의 1/5 분량의 소금과 소금 무게의 10배의 물을 끓여 풋고추에 부어 만든다. 고추가 물 위로 떠오르지 않게끔 무거운 것으로 눌러 뚜껑을 덮어 보관하고, 15℃ 이하의 날씨라면 실온, 15℃ 이상의 날씨라면 냉장보관한다. 한 달쯤 뒤부터 맛있게 숙성된다.

시금치 유부 깨무침

시금치는 어느 철에든 쉽게 만날 수 있는 채소 중 한 가지이지만 특히 겨울에 남다른 맛을 자랑합니다. 그중에서도 노지에서 바닷바람을 맞고 자란 섬초, 포항초는 누가 설탕이라도 뿌려 놓았나 싶을 정도로 답니다.

    시금치는 데칠 때 시간을 얼마 들이지 않는 채소로도 알려져 있지만, 계절과 품종에 따라 데치는 시간이 다르니 주의합니다. 뿌리 근처가 통통하고 힘이 센 것들은 십자로 칼집을 넣고, 데칠 때에도 뿌리를 먼저 넣어 숨을 죽인 뒤 잎을 넣습니다. 작은 차이지만, 지나치게 물컹하거나 지나치게 뻣뻣한 부분 없이 고른 식감을 즐길 수 있습니다. 이처럼 요리는 거짓말을 하지 않습니다. 조금만 더 신경을 써주고 조금만 더 정성을 들이면 그만큼 맛있어집니다.

만드는 과정

1. 유부를 끓는 물에 한소끔 삶고 수건으로 눌러 물기를 제거한다.
2. 마른 냄비를 달궈 유부를 노릇하게 구운 뒤 채 썬다.
3. 시금치는 뿌리에 가까운 부분을 중심으로 깨끗이 씻는다. 특히 뿌리의 단맛이 진하니, 뿌리도 버리지 않고, 흙이 묻은 부분만 도려낸

재료 3인분

시금치 반 단(약 150g)
유부 4개(가로세로 약 5cm 정도의 정사각형 일반 유부)
참깨 2큰술
된장 1/2작은술
간장 2큰술
다시마 채수 1큰술(178쪽 참고)

다. 줄기가 도톰한 것은 뿌리 쪽에 칼집을 넣어둔다.

4 소금을 조금 넣은 끓는 물에 시금치를 데친다. 뿌리와 줄기부터 넣어 가볍게 숨을 죽인 뒤, 잎도 넣는다. 숨이 죽으면 바로 건지고, 채반에 밭쳐 한 김 식힌 뒤 수분을 짜낸다.

5 간 깨와 조미료, 유부, 시금치를 함께 무친다.

Tips

삶은 유부의 물기를 충분히 제거하지 않으면 보관하면서 수분이 생겨 싱거워지기 쉽고 식감도 좋지 않다. 깨끗한 소창 행주로 톡톡 두드려가며 수분을 제거한 뒤 구워 사용한다.

물미역 들깨무침

11월이 넘어가면 먹을 수 있는 노지 채소가 급격히 줄어듭니다. 먹을 수 있는 생채소 재료가 얼마 없다고 섭섭해할 수도 있겠지만, 새로운 만남이 기다리고 있으니 오히려 가슴이 두근거립니다. 생해조류가 그 주인공입니다. 늘 말린 것이나 염장한 것들을 먹다가, 장터에서 오랜만에 물미역을 발견한 날은 사오지 않고는 못 배깁니다.

단호박의 노란색, 토마토 붉은 빛깔, 가지의 보랏빛…. 식탁을 물들였던 쨍한 색감의 채소들은 이제 계절과 함께 과거로 밀려가고 다시 다가올 일 년 뒤의 미래에서 기다리고 있습니다. 겨울은 가을에 뽑아두었던 무, 배추와 같이 하얀 것들이나 해조류나 말린 나물과 같이 어두운 색깔의 재료들의 계절입니다. 화려한 색의 요

리가 주목받기 쉽지만, 겨울의 식탁과 다른 계절의 식탁에는 서로 다른 매력이 있습니다. 지나간 여름, 가을의 식탁이 앙리 마티스가 그린 그림의 화려함을 닮았다면, 겨울의 식탁은 은은한 수묵화를 닮았습니다.

만드는 과정

1. 참깨는 곱게 갈고, 나머지 양념재료와 잘 섞어둔다.

2. 물미역은 물에 담그고 손으로 바락바락 씻는다. 불순물이 나오지 않도록 물을 수차례 갈아가며 씻고, 물기를 잘 짜둔다.

3. 끓는 물에 미역을 넣고 색이 초록빛으로 변하면 바로 건져내어 찬물에 담가 식힌다. 물기를 꼭 짜고 먹기 좋은 크기로 썰어 양념과 버무린다.

재료 4인분

물미역 150g

양념

참깨 2작은술
들깻가루 2큰술
현미식초 2작은술
국간장 2작은술
사과주스 또는 사과즙 2작은술

1월의 밥상

무말랭이와 배추 섞음밥

솥밥, 비빔밥, 볶음밥···. 세상에는 다양한 밥 요리가 있는데, 그중 한 가지 추가하고 싶은 것은 '섞음밥'입니다. 밥에 어울리는 고명을 만들고, 갓 지어 따끈한 밥에 넣어 골고루 섞어 먹는 요리입니다. 맵지 않으며, 고명 각자의 맛이 살아 있는 비빔밥이라고 보면 좋을 것 같습니다. 가을, 겨울에 좋아하는 섞음밥은 무말랭이와 배추 고명을 넣은 것입니다. 강한 양념 대신 생들기름과 소금을 살짝 더해, 달큰하면서도 구수한 무말랭이와 배추 본연의 맛을 만끽합니다.

만드는 과정

1 무거운 냄비에 현미밥을 짓는다.

2 무말랭이는 씻어서 체에 밭쳐 말랑해질 때까지 둔다. 배추는 줄기와 잎을 나누고 결을 따라 1cm 폭으로 비스듬히 썰어둔다.

3 중불로 달군 팬에 기름을 두르고 배추를 볶는다. 배추가 아삭하게 익으면 건져둔다. 배추를 볶던 팬의 불을 약불로 낮추어 무말랭이를 특유의 아린 향이 날아갈 때까지 천천히 볶는다. 특유의 아린 향이 사라지고 달큰한 향이 오르면 무말랭이가 반 잠길 정도의 물을 넣고 뚜껑을 덮어 무말랭이가 말랑해질 때까지 찌듯 익힌다. 무말랭이가 수분을 머

재료 3인분

밥
쌀 1.5컵
물 450ml
소금 한두 꼬집

고명
무말랭이 30g(크게 한 줌)
물 적당량
배추 2장

양념
취향에 따라 생들기름과 소금 적당량

금어 말랑해지면 불에서 내린다. 지나치게 긴 것은 먹기 좋은 크기로 썬다.

4 밥을 불에서 내리고 익혀둔 배추와 무말랭이를 넣고 10분 이상 뜸 들인다. 뜸이 들면 위아래를 골고루 섞고 그릇에 담는다. 취향에 따라 생들기름과 소금을 곁들여 먹는다.

현미 떡국과 잡채

마크로비오틱 식생활을 시작한 이후, 우리 집 명절 풍경은 조금 달라졌습니다. 저도 편하게 먹을 수 있는 마크로비오틱 메뉴와 다른 식구들에게 익숙한 고기 메뉴가 한 상에 오르는 것입니다. 우리 집에서 명절마다 빼놓지 않는 마크로비오틱 메뉴는 현미 떡국과 마크로비오틱 잡채입니다. 소금을 살짝 뿌린 무와 버섯을 볶다가 사골 또는 멸치 육수 대신 채수를 붓고 폭 끓인 뒤 떡을 넣고 마무리하는데, 누린내 없이 국물이 깔끔해 명절 음식을 먹었는데도 속이 편하다며 어른들도 좋아하십니다. 한번에 많이 만들고, 남은 국물에는 매생이를 풀어 넣어 매생이 떡국으로 응용하기도 합니다.

　마크로비오틱 잡채는 명절뿐만 아니라 생일 등의 이벤트가 있을 때에도 즐겨 만드는 메뉴입니다. 재료를 기름에 볶지 않고 물에 볶아 만드는 만큼, 기름지지 않아 소화도 잘 됩니다. 많이 만들어 두고 데워 먹기도 하는데, 데울 때에도 기름 대신 물에 볶으면 됩니다.

현미떡국

만드는 과정

1. 무를 0.2~0.3cm 폭으로 나박 썰어 소금 한두 꼬집을 뿌려둔다. 연근도 얇게 은행잎 모양으로 썬다.

2. 기름을 둘러 중불로 달군 냄비에 무를 볶는다. 무가 반쯤 익으면 연근을 반투명해질 때까지 볶는다. 연근이 반투명해지면 물 서너 숟가락을 넣고 뚜껑을 덮어 찌듯 익힌다.

3. 2의 수분이 졸아들면 준비한 채수(177-178쪽 참고)를 넣고 끓인다. 끓기 시작하면 불을 낮춰 무가 익을 때까지 끓인다.

4. 무가 익으면 현미 떡국떡, 국간장, 소금을 넣고 떡이 부드러워질 때까지 끓인다.

5. 그릇에 담고 구운 김을 찢어 올린다.

재료 3인분

무 3cm
연근 5cm
채수 2컵 반(다시마 채수와 표고버섯 채수를 7:3 비율로 섞은 것)
국간장 1/2작은술
소금 1/4작은술
현미떡국떡 20개 정도
김 취향껏

Tips

현미떡은 백미떡보다 빨리 부드러워지니 가장 마지막에 넣는다.

잡채

만드는 과정

1. 우엉과 당근을 이쑤시개 정도 길이와 폭으로 채 썰어둔다. 양파는 0.5cm 정도 두께로 결을 따라 채 썰어둔다. 시금치와 버섯은 먹기 좋은 크기로 썰어둔다.

2. 썰어둔 채소를 물에 볶는다. 팬에 바닥에 깔릴 정도의 물을 넣고 센 불에 끓여 우엉, 양파, 당근, 느타리버섯 순서대로 볶는다. 우엉은 특유의 흙 향이 충분히 날아갈 때까지 볶아야 하니 가장 먼저 볶는다. 물이 줄어들면 소량씩 물을 더해가며 볶는다. 다 볶은 채소를 팬에서 덜어내어 분량 외의 간장 소량으로 간을 해둔다.

재료 약 5인분 분량

당면 크게 한 줌
우엉 12~15cm
당근 1/4개
양파 1/2개
시금치 3~4개(크게 한 줌)
느타리버섯 150g(크게 한 줌)
간장 2~3큰술
참기름 2작은술을 기준으로 취향껏 조절
소금 두세 꼬집
참깨 적당량

3 2의 채소를 볶던 팬에 시금치를 넣고 마찬가지로 물에 볶은 뒤 소금으로 간해 불에서 내려둔다.

4 당면을 끓는 물에 10분 정도 삶은 뒤, 체에 밭쳐 물기를 뺀다. 면이 불 수 있으니 차가운 물로 씻지 않는다.

5 팬에 간장을 넣고 불을 켠다. 간장이 끓으면 삶아둔 당면을 넣고 중불에서 당면에 골고루 간장 국물을 먹여가며 졸인다.

6 5의 당면, 1, 2, 3의 채소를 참기름과 함께 버무린다. 참깨 적당량을 뿌려 완성한다.

배추 곶감 샐러드

샐러드 전문점도 부쩍 늘어나 사시사철 어디에서든 생채소 샐러드를 즐길 수 있게 되었지만, 한겨울에 생채소 샐러드는 썩 달갑지 않습니다. 겨울에 먹을 수 있는 생채소는 기껏해야 무, 배추 정도입니다. 그러니, 한겨울에 부드러운 양상추, 어린 잎채소가 차갑게 식은 채 볼에 담긴 모습을 보면, 오들오들 떨고 있는 것처럼 보여 나까지 덩달아 추워지는 기분입니다. 실제로 이런 음식들을 겨울철에 습관적으로 먹는다면 체온이 지나치게 낮아지기 쉽습니다.

그래서 겨울에는 샐러드를 즐기더라도 제철 재료를 사용해 익혀서 먹습니다. 1월의 제철 채소를 대표하는 배추는 생각보다 상큼한 양념과도 잘 어울려 겨울철 샐러드에 곧잘 사용합니다. 달콤

한 맛을 더하기 위해 주로 마른 과일을 사용하는데, 1월에는 맛과 식감, 색감이 모두 잘 어울리는 곶감을 곁들입니다.

만드는 과정

1. 배추를 결을 따라 1cm 폭으로 썰고, 소금 두세 꼬집(분량 외)을 버무려 수분이 올라올 때까지 잠시 둔다. 올라온 수분은 천으로 닦는다. 곶감은 먹기 좋은 크기로 찢어둔다.

2. 양념을 만든다. 귤 한 개의 즙을 짜서 나머지 양념재료와 섞는다.

3. 중불로 달군 팬에 기름을 둘러 달군 뒤 잠시 불에서 내린다. 따뜻할 정도로 식으면 섞어둔 2의 양념을 넣고 다시 센 불에 올려 한소끔 끓인다.

4. 3이 한소끔 끓으면 준비한 1의 배추를 넣고 센 불에서 재빨리 볶는다. 배추가 가볍게 숨이 죽으면 소금으로 간을 하고 불에서 내린다. 배추가 한 김 식으면 찢어둔 곶감을 버무리고 차게 식혀 완성한다.

재료 3인분

알배추 4장
기름 1작은술
곶감 1개
소금 1/4작은술

양념

현미식초 1큰술
감식초 1큰술
귤 1개

> 한입 더

마크로비오틱의 음양(陰陽)이야기

"밥은 챙겨 먹고 다니니?"

바쁘게 지내며 비쩍 마른 친구들을 만나면 저도 모르게 묻습니다.

밥 먹을 시간을 아껴 잠시 눈을 붙이거나 출근 준비를 하겠다는 친구들도 많지만, 보고 있자면 안쓰럽기 그지없습니다. 일이나 공부는 하지 않아도 생명에 지장이 없습니다. 하지만 음식은 그렇지 않습니다. 하루만 굶어도 곧바로 몸에 무리가 오죠. 그만큼 매일을 살아가는 데 음식은 빼놓을 수 없는 요소입니다. 그런데 한가지 의문이 듭니다. 음식은 어떻게 우리에게 살아가는 힘을 주는 걸까요?

사람이 살아가는 데 필요한 3대 영양소는 탄수화물과 지방, 단백질입니다. 그리고 음식은 이 세 가지 영양소를 사람에게 공급해줍니다. 3대 영양소뿐만이 아닙니다. 음식에는 오메가-3, 항산화물질 등 다양한 성분이 함유되어 있고, 필요한 성분이나 영양소를 더하기 위해 영양제나 건강보조식품을 챙겨 먹는 사람도 많습니다. 하지만 이상하게, 영양제를 열심히 챙겨 먹는데도 비실비실한 경우도 흔히 봅니다.

음식은 영양소뿐만 아니라 다양한 힘을 갖고 있습니다. 여름 채소가 사람 몸을 식혀주고, 겨울 채소는 열기를 주는 것처럼요. 마크로비오틱은 이처럼 음식이 갖고 있는 힘을, 크게 '음(陰)'의 에너지와 양(陽)의 에너지로 바라봅니다.

    마크로비오틱에서 생각하는 음, 양에 대해 간단하게 소개하자면, '양(陽)'이란 수축시키거나 열기를 주는 에너지이며, '음(陰)'이란 이완시키거나 차갑게 만드는 에너지를 말합니다. 식재료뿐만 아니라 만물은 이 음의 에너지와 양의 에너지를 갖고 있습니다. 사람의 몸도 마찬가지입니다. 긴장이 되어 있을 때에는 조금 더 양성으로 치우친 상태가 되고, 반대로 이완되어 있을 때에는 조금 더 음성으로 치우친 상태가 됩니다. 하지만, 사람 몸은 뭐니 뭐니 해도 지나치게 긴장되어 열이 올라 있지도, 지나치게 이완이 되어 있거나 몸이 식어 있지도 않은 '중용(中庸)'의 상태일 때 가장 편안합니다.

    그리고 신기하게도, 자연은 사람이 환경의 변화에 적응할 수 있게끔, 그 시기에 필요한 것을 줍니다. 더운 환경 속에서 몸이 양성으로 치우치기 쉬운 여름에는 몸을 식혀주는 음의 에너지를 가진 작물이 자라고, 반대로 몸이 음성으로 치우치기 쉬운 겨울에는 열기를 주는 양의 에너지를 가진 작물이 맛있어지는 것처럼요. 이처럼 식재료가 사람 몸에 양의 에너지를 주는지, 또는 음의 에너지를 주는지를 판단하는 데 가장 알기 쉬운 기준은 그 재료를 수확하는 환경입니다.

    이 밖에도, 다양한 요소를 통해 식재료가 가진 성질을 판단할 수 있습니다. 주로 수분이 많아 말랑말랑하고 칼륨 함량이 높은 것들은 음의 에너지를 갖고, 반대로 수분이 적고 단단하거나 나트륨이 많은 것들은 양의 에너지를 가집니다. 그러니, 같은 재료를 사용해도 조리 방법에 따라 그 성질은 달라집니다. 오래 가열하거나 높은 온도에서 조리할수록 재료는 조금 더 양의 성질을 갖게 됩니다. 같은 무여도, 수분이 넘치는 생무와 꼬들꼬들한 무말랭이의 에너지가 서로 다른 것처럼요. 오랫동안 태양열을 받으며 수분이 적어진 무말랭이가 비교적 양의 성질을 갖습니다. 한편, 가열을 하지 않더라도 소금에 절인 무와 생무를 비교해보면, 나트륨이 많고, 소금에 절여 수분이 줄어든 전자가 더 양의 성질을 갖습니다. 이 점을 통해 생각해보면, 음의 계절인 겨울철을 대비해 채소를 말리거나 소금에 절인 김치를 만들어, 노지 채소가 없는 철에도 양의 에너지를 얻어온 조상들의 지혜는 놀라울 따름입니다.

한편, 한 가지 채소를 놓고 보아도 그 안에 음의 성질도 있는가 하면 양의 성질도 있습니다. 안쪽으로 수축하는 양의 에너지는 채소의 가운데 부분에, 바깥으로 이완하는 원심적인 음의 에너지는 채소의 껍질 부분에 있습니다. 한 가지 채소에도 부위에 따라 갖고 있는 에너지가 조금씩 다르니, 이 에너지를 골고루 얻어 오기 위해서도 채소의 과육(양성)부터 껍질(음성)까지 버리지 않고 먹는 식생활을 마크로비오틱에서는 권합니다.

이처럼 몸이 음과 양의 조화를 이루게끔 돕는 식생활이 마크로비오틱 식생활의 기본입니다. 마크로비오틱의 음과 양에 대한 간단한 규칙 몇 가지를 이해하고 자신의 체질, 컨디션을 판단하는 공부가 더해진다면, 자신의 몸을 더 편안한 상태로 만들기 위해 어떤 재료와 조리법으로 어떤 음식을 만들지 고민하는 즐거운 퍼즐 맞추기와 같은 생활이 시작됩니다. 하지만, 처음부터 머리로 규칙을 생각하기보다는, 자연의 흐름에 맞춰 그 땅에서 그 계절에 자란 것들을 뿌리부터 껍질까지 버리지 않고 먹는, 기본적인 음과 양의 조화가 이루어진 식생활을 우선 시작해보는 것으로도 충분합니다. 가장 쉬운 방법은 계절에 맞춰 앞서 소개한 열두 달 집밥을 만들어보는 것입니다.

자연과 가까워지는 요리법

세 번째, 채소를 더 가까이

다른 생명체를 존중하는 삶

과로와 무분별한 식생활을 되풀이하며 건강을 해친 것을 계기로 마크로비오틱과 채식에 발을 들였지만, 지금은 가죽으로 만든 제품이나 동물성 원료를 사용한 화장품도 가급적 사용하지 않으며, 식생활 이외의 분야에서도 '비거니즘'을 실천하려 노력하고 있습니다. 저의 마크로비오틱 요리교실 수강생들도 마찬가지입니다. 건강에 큰 고민이 없더라도 가급적 채식을 하려 노력하고, 아침 일찍 일어나 직장에 갖고 갈 도시락을 준비하는 분들도 많습니다.

　같은 땅과 물, 바람을 공유하는 하나의 생명체로서, 다른 생명체도 존중하며 살아가고 싶습니다. 그들을 위해 헌신하는 것은 어려울지 몰라도, 그들이 영위하는 삶에 피해를 끼치는 일은 줄일 수 있다면 줄이고 싶습니다. 시작은 건강을 되찾고 싶다는 마음으로 마크로비오틱에 발을 들였지만, 지금은 건강보다도 '공존'이라는 키워드가 제 마음을 움직이곤 합니다.

　인간이 살아가기 위해서는 다른 생명체의 생명력을 얻어 와야 하며, 그것은 동물도 마찬가지입니다. 이것은 거스를 수 없는 자연의 섭리입니다. 하지만, 저렴한 가격에 다른 생명체를 먹기 위해 거대한 시스템을 만들고, 그들의 삶의 방식을 송두리째 뒤바꾼다면 이야기는 달라집니다. 도시라는 삶의 이면에는 누군가의 먹거리가 되기 위해 평생을 살다 가는 동물들이 있습니다. 환경에 부담을 주고, 동물을 혹사시키며 저렴한 가격의 고기를 만들어내는 공장식 축산업. 암소를 강제로 끊임없이 임신시켜 유제품을 만들어 내는 목장. 알을 낳지 못해 상품성이 없다는 이유로 갓 태어난 수평아리는 그 자리에서 생명을 잃고, 암컷들은 평생 달걀을 낳아가며 살아가야 하는 양계장. 이곳에서 살아가는 동물들은 하나의 생명체로 존중받고 있지 않습니다.

마크로비오틱은 '건강한 식생활'이기 이전에, 자연의 섭리를 따르는 조화로운 삶의 방식입니다. 때문에, 다른 생명체를 괴롭히며 만든 동물성 식품보다는 자연에 무해한 방식으로 키운 식물성 재료를 제 곁에 두려 노력하고 있습니다.

자연의 섭리를 따른 먹거리가
곧 내 몸에 이로운 먹거리

마크로비오틱은 넓은 관점(Macro)으로 생명(Bio)을 바라보는 삶의 방식(Tique)이며, 이런 삶의 방식을 추구하면 자연히 건강하게 살아갈 수 있습니다. 동물에게 피해를 끼치지 않고, 자연의 섭리를 따른 식물성 식품 위주의 식생활을 하는 것도 마찬가지입니다. 움직임이 있고, 언제나 따뜻한 체온을 유지하는 인간은, 움직임이 없는 식물에 비해 양(陽)의 성질을 가집니다. 이렇게 양성에 가까운 인간은 음의 성질을 갖는 식물성 식품을 먹어야 스스로의 몸을 중용의 상태로 유지시킬 수 있습니다. 하지만, 날이 갈수록 동물성 식품 소비량은 늘어만 가고 있습니다. 인간처럼 움직임이 있고 체온이 높아 양의 성질을 갖는 동물성 식품을 먹는 것은, 몸 상태가 양성으로 치우치기 쉬운 식습관입니다. 고혈압, 뇌졸중 등 혈관이 수축되며 생기는 질환들은 동물성 식품 중심의 식단으로 체질이 지나치게 양성화된 결과입니다. 수축, 긴장의 에너지를 가진 동물성 식품 위주의 식생활을 하다 보니 혈관도 수축되는 것입니다. 양성의 동물성 식품을 고온의 기름에 굽거나 튀기는 강한 양성의 조리를 하고, 혈관을 수축시키는 양의 성질을 가진 짭짤한 소스에 찍어 먹는 것 역시 극양성의 식습관입니다. 이렇게 양성으로 치우친 식생활을 지속하면 지금 당장 치료가 필요한 질환이 보이지 않더라도, 스트레스에 취약해져 쉽게 긴장되고 화가 나거나, 몸에 열이 오르기 쉬운 체질이 되기도 합니다.

곡식과 채소를 더 가까이에

숨기는 마음 없이, 밥을 좋아합니다. 쌀이 익어가는 냄새가 주방을 채울 때부터 이미 설레기 시작하고, 갓 지어 김이 모락모락 나는 현미밥을 그릇에 소복히 담을 때면, 주걱에 붙은 쌀 한 톨까지 주섬주섬 떼어 먹고 싶은 충동이 일 정도로 밥을 좋아합니다. 주변에서는 세 끼를 연달아 밥을 먹는 것이 지겨워 하루 한 끼 정도는 다른 것을 먹는다고도 하는데, 저는 매 끼니마다 현미밥을 먹는 생활을 계속해도 지겨울 일이 없을 게 틀림없습니다.

예전부터 밥 사랑이 남달랐던 것은 아닙니다. 대학 시절에는 자타가 공인하는 '빵순이'였습니다. 밥은 별다른 맛이 없고 밋밋하게 느껴져, 밥의 양은 줄이고 반찬 위주로 먹기도 하고, 하루 한 끼는 샐러드나 과일로 대신하기도 했습니다. 하지만, 건강을 해치고 마크로비오틱을 일상에 들여오며 저의 식단은 달라졌습니다. 채식 위주의 마크로비오틱 식단을 구성하며 신경 쓰기 시작한 점을 한 가지 들자면, 통곡물로 식단의 60% 이상을 채우는 것이었습니다.

몸이 과하게 양성으로 치우쳐 늘 긴장되거나 체온이 높아지지 않기 위해서는 사람보다 음성인 식물성 식품 위주의 식생활을 하는 것이 이롭습니다. 하지만 반대로 과하게 음성인 식생활을 하는 것 역시 좋지 않습니다. 가열하지 않은 생채소, 생과일로 끼니를 때우거나, 추운 계절에도 더운 지방에서 수확한 과일을 즐겨먹는 식습관, 감미료를 듬뿍 넣고 만든 디저트로 식사를 대신하는 식습관이 대표적입니다. 지나치게 음성인 식생활이 반복된다면 체온이 낮아지고, 몸이 지나치게 이완되어 무기력해지고 우울감이 찾아오기도 합니다.

세상에는 수많은 식재료와 음식이 있고 이들의 성질은 제각각 다릅니다. 이렇게 각기 다른 성질의 음식을 즐겨 먹는다면, 그 음식을 먹은 사람의 몸 상태 역시 양성으로, 때로는 음성으로 치우칩니다. 마치 쿵쾅쿵쾅 거칠게 시소를 타는 것처럼 몸과 마음의 기복이 심한 나날이 반복됩니다. 어떤 날은 후끈하게 체온이 오르거나 화가 잔뜩 나 있기도 하고, 또 어떤 날은 낮잠을 청하고 싶을 정도로 나른해지기도 합니다.

크게 음성으로도 양성으로도 치우치지 않은 온화한 성질의 음식을 즐겨 먹으면 이렇게 몸과 마음의 기복이 오르락내리락하지 않습니다. 늘 같은 사람을 만나고 같은 곳을 거닐며 큰 변화가 없어 심심해 보이지만, 큰 사건과 사고, 자극 없이 그저 편안한 작은 마을의 삶처럼요. 이런 몸의 중심을 지키는 역할을 해주는 음식이 통곡물입니다. 곡식은 다른 식품군에 비해 크게 음성 또는 양성으로 치우치지 않은 것들이 많으며, 그중에서도 현미는 동아시아에 사는 한국인에게 가장 중용에 가까운 식품입니다. 이 때문에, 통곡물로 식단의 60% 이상을 채우려 노력하기 시작했습니다.

통곡물 위주의 저의 밥상은 단출합니다. 현미밥과 국, 그리고 두세 가지의 반찬이 전부입니다. 밥은 줄이고, 여러 가지 반찬을 늘어놓은 푸짐한 식단에서 벗어나기만 해도 쉽게 통곡물 위주로 밥상을 차릴 수 있습니다. 차릴 음식의 가짓수가 줄어드는 만큼 일거리도 줄어드는 데다가 속도 편합니다.

한입 더
비건? 마크로비오틱?

최근 몇 년 사이, 우리나라에서도 빠르게 채식 인구가 늘고 있습니다. '비건'이라는 단어도 자주 접하게 되었습니다. 음식점의 차림표에서도 작게 '비건'이라는 표시가 붙어 있는 요리를 보기도 하고, 화장품 매장에서 이 단어를 발견할 때도 있습니다. '채식', '비건'이라는 단어는 빠른 속도로 우리나라에서도 확산되어왔지만, 정확히 어떤 개념인지에 대해서는 잘 알려지지 않았습니다. 채식과 비건은 같은 것인지, 비건과 마크로비오틱은 어떤 다른 점이 있는지에 대한 질문도 많이 받았습니다.

    채식은 동물성 식품의 섭취를 줄이고 식물성 식품 위주로 섭취하는 식생활 전반을 말하며, 채식주의자는 이러한 식생활을 하는 사람들을 칭하는 말입니다. 이 정의에서 '동물성 식품'의 명확한 기준은 없기에, '채식'이라는 개념 안에는 난류, 유제품을 포함해 동물을 사용해 만들어낸 모든 식재료를 먹지 않는 사람, 고기나 해산물은 먹지 않지만, 난류나 유제품은 먹는 사람 등 다양한 분류의 식생활이 포함됩니다. 편의상, 소비를 허용하는 동물성 식품을 기준으로 다음과 같이 분류하고 칭하기도 합니다.

    이처럼 다양한 범주의 소비자들이 채식주의자에 포함되지만, '채식'이라는 단어 자체는 먹거리 소비에 관련된 단어입니다. 때문에 '채식주의자'라는 한 집단으로 분류하더라도, 개개인이 채식을 실천하는 이유는 건강, 환경보호, 종차별 반대 등 무척 다양합니다.

	육류	조류	어류	난류	유제품
비건 Vegan	X	X	X	X	X
락토 베지테리언 Lacto vegetarian	X	X	X	X	O
오보 베지테리언 Ovo vegetarian	X	X	X	O	X
락토 오보 베지테리언 Lacto-ovo vegetarian	X	X	X	O	O
페스코 베지테리언 Pesco-vegetarian	X	X	O	O	O
폴로 베지테리언 Pollo-vegetarian	X	O	O	O	O
플렉시테리언 Flexitarian	O	O	O	O	O

* 플렉시테리언은 선택적 육식을 하는 채식주의자이다.

　국내에서도 널리 알려진 '비건(Vegan)'은 이 중에서도 비거니즘을 실천하는 사람들을 칭하는 단어입니다. '비거니즘(Veganism)'은 공장식 축산업, 낙농업과 같이 동물을 착취해서 이익을 창출하는 시스템 전반을 반대하고, 다른 생명체와의 공존을 추구하는 생활방식을 말합니다. 패션, 화장품 등 식생활 이외의 분야에서도 많은 동물들이 인간의 이익 창출을 위해 희생당하고 있습니다. 때문에 비건은 가죽, 동물의 털로 만든 제품을 소비하지 않고, 동물실험을 하거나 동물성 원료를 사용한 화장품, 세제 사용 또한 피합니다. 동물성 식품 섭취를 완전히 배제하지는 않지만, 비거니즘이 추구하는 가치에 공감하고, 함께 실천하려 노력하는 사람들도 늘고 있습니다. 최근에는 이와 같은 자세를 '비건 지향'이라고 표현하고, 단순히 동물성 식품의 소비 범위를 기준으로 '페스코 베지테리언', '락토 베지테리언'과 같이 나누기보다는, '비건을 지향한다'고 표현하는 추세입니다.

그렇다면 마크로비오틱(Macrobiotics)과 채식, 비건의 차이점은 어떻게 생각하면 좋을까요? 마크로비오틱은 채식, 비건과 마찬가지로 동물성 식품의 섭취를 가급적 배제한다는 공통점을 갖고 있는 한편, 차이점도 갖고 있습니다. 넓은 의미의 채식이 식생활에만 국한된 개념이라면, 비거니즘과 마크로비오틱은 식생활을 넘어 공존을 위해 삶의 방식 전반을 바꾸어나가는 개념입니다. 한편, 비거니즘과 마크로비오틱의 차이점도 있습니다. 비거니즘은 난류, 유제품을 포함한 모든 동물성 식품의 섭취를 배제하지만, 앞서 언급했듯 마크로비오틱은 반드시 지켜야 할 원칙을 두지 않습니다. 마크로비오틱에서는 채식도 어디까지나 권장을 할 뿐이니 어떻게 생각하면 비거니즘보다 유연한 개념입니다. 하지만 동물성 식품 섭취를 줄일 뿐만 아니라 인공적으로 정제한 먹거리를 줄이고 가급적 제철의 국산 식재료 사용을 권하는 등 은근히 권장하는 사항이 많습니다. 이런 것들까지 지키려 생각하면, 비거니즘보다도 엄격한 개념입니다.

한편, '비건의 식생활은 건강하다'는 인식이 퍼져 있지만, 비거니즘이 추구하는 가치는 건강보다는 동물을 착취해서 이익을 창출하는 시스템 전반을 반대하는 것에 무게를 두고 있습니다. 건강과는 거리가 멀지만, 비거니즘을 실천하는 사람들의 간편한 식생활을 돕고자 개발된 비건 라면, 비건 햄 등의 가공식품도 있을 정도입니다. 때문에, 건강에 관심을 갖고 채식에 입문하거나, 비건과 같은 가치를 추구하면서 건강까지 챙기고 싶다면, 자연의 섭리를 따르는 식습관을 권장하는 마크로비오틱도 함께 실천하는 편이 도움이 됩니다.

비거니즘과 마크로비오틱은 모두 자연의 질서를 따르며 다른 생명체와 공존하기를 추구합니다. 자연과 공존하는 삶을 추구한다면 비거니즘과 마크로비오틱 모두 훌륭한 선택지입니다. 또한 비거니즘과 마크로비오틱에 국한되지 않고, 자신의 보폭에 맞추어 꾸준히 실천할 수 있는 또 다른 선택지를 두는 것도 좋습니다. 동물성 식품을 완전히 배제한 것은 아니지만 조금씩 노력해나가는 '비건 지향'이라는 개념이 생긴 것처럼요. 중요한 것은 비건, 페스코, 마크로비오틱과 같은 어떠한 명사로 설명할 수 있는 수단을 선택하는 것이 아니라, 삶의 방식을 바꾸어보겠다는 마음가짐과 행동으로 옮기는 자세입니다.

오늘부터 시작하는
통곡물, 채소와 더 친해지는 요리

Part1 식물성 요리의 기본, 육수 대신 채수 만들기

고기나 생선이 없으면 음식에 깊은 맛을 내기 어려울 거라고 생각하는 경우가 많습니다. 국물요리를 만들 때 특히 걱정이 앞서지 않을까요.

하지만 채소만으로도 깊은 맛을 충분히 낼 수 있습니다. 마른 재료를 사용하는 만큼 보관도 편리하니 필요할 때마다 장을 보러 나서지 않아도 되겠죠.

마크로비오틱 요리를 할 때 가장 기본이 되는 채수는 표고버섯 채수와 다시마 채수입니다. 습하고 어두운 곳에서 잘 자라는 표고버섯은 몸을 차게 하거나 이완시키는 음(陰)의 성질을 가졌으며, 짭짤한 바닷속에서 자라는 다시마는 몸을 따뜻하게 하거나 수축시키는 양(陽)의 성질을 가졌습니다. 서로 몸에 주는 영향도 다르고 맛도 다르니, 두 가지 채수를 섞어 사용합니다. 된장국을 끓일 때에는 기본적으로 다시마 채수 70%, 표고버섯 채수 30%의 비율로 조리하지만, 체질과 컨디션에 따라 비율을 바꾸는 것도 좋습니다. 덥거나 흥분되는 날에는 표고버섯 채수의 비율을 늘리고, 몸이 차거나 축축 처지는 날에는 다시마 채수의 비율을 늘립니다.

표고버섯 채수

만드는 과정

1 손으로 표고버섯의 먼지를 털어낸다.

2 냄비에 물과 표고버섯을 넣고 뚜껑을 덮어 중불에서 가열한다.

3 끓으면 뚜껑을 연다. 힘차게 끓지 않고, 보글보글 끓을 정도로 불을 낮추고, 말린 야채 특유의 꿉꿉한 향이 날아갈 때까지 졸인다. 살짝 연한 보리차와 같은 색을 띠고, 물이 처음의 50~70% 정도의 양이 될 정도면 잘된 것.

재료 만들기 쉬운 양

말린 표고버섯 3개
물 3컵

Tips

마른 천을 사용해 머리 표면을 닦고, 손에 올려 탕탕 털어내면, 표고버섯 머리 아랫부분에 끼어 있던 먼지를 쉽게 제거할 수 있다. 또한 포장 또는 재배에 사용했던 하얀 스티로폼 조각이 줄기에 붙어 있는지 확인하고 떼어낸 뒤 사용한다.

다시마 채수

만드는 과정

1. 마른 천 등으로 다시마의 이물질을 닦는다.

2. 냄비에 물과 다시마를 넣고 뚜껑을 덮고 약불에서 가열한다.

3. 다시마가 물에 불고, 다시마와 냄비 바닥에 작은 거품이 생기기 시작하면 냄비를 불에서 내려 그대로 10분 정도 둔 뒤 다시마를 꺼낸다.

재료 만들기 쉬운 양

명함 크기 다시마 1개
물 3컵

Tips

1) 다시마를 물에 넣고 상온에서 7~8시간 정도 불려도 된다.
2) 다시마는 끓이면 특유의 떫고 씁쓸한 맛이 나니, 끓기 선에 물에서 내린다.

다시마 표고버섯 조림

채수를 내고 남은 다시마와 표고버섯은 다양한 요리의 재료로 사용할 수 있으니, 버리지 않고 냉동실에 보관해둡니다. 이 또한, 버리는 부분 없이 재료를 사용하며 재료가 가진 생명력을 온전히 얻어오는 마크로비오틱 조리법의 대표적인 예입니다.

쉽게 만들 수 있고 밑반찬으로도 훌륭해 자주 만드는데, 채수를 낸 뒤 바로 다시마와 표고버섯을 채 썰어 얼려두면, 보다 편하게 조리할 수 있습니다.

재료 만들기 쉬운 양

채수를 내고 남은 다시마 70g
채수를 내고 남은 표고버섯 30g
간장 1큰술
물 적당량

만드는 과정

1 다시마를 가늘게 채 썬다. 표고버섯은 머리와 기둥을 분리하고 머리는 가늘게 슬라이스한다. 기둥은 결을 따라 가늘게 찢는다.

2 냄비에 간장을 넣고 중약불에서 간장을 끓인다. 간장이 끓으면 다시마와 표고버섯을 넣고 간장이 바싹 마를 때까지 약불에서 졸인다.

3 간장이 바싹 마를 정도로 졸아들면 재료가 반쯤 잠길 정도의 물을 넣고 끓인다. 끓기 시작하면 약불로 낮추어 뚜껑을 덮고 졸인다. 물이 부족하면 물을 조금씩 더해가며 다시마가 부드러워질 때까지 졸인다. 다시마가 충분히 부드러워지면 더 이상 물을 붓지 않고 국물이 남지 않도록 바싹 졸인다.

4 완성되면 따뜻할 때에 취향에 따라 볶은 참깨, 참기름 등을 추가해도 좋다.

Tips

1) 표고버섯의 기둥은 질기다는 이유로 버려지곤 하지만, 결을 따라 찢으면 부드럽게 먹을 수 있으니, 가장 아래의 지나치게 거친 부분만 도려내고 모두 사용한다.

2) 압력밥솥으로 조리하면 더 빨리 만들 수 있다.

Part2 재료의 폭이 넓어지는
통곡물 요리

지금은 그 어떤 음식보다도 밥을 좋아하니, 소박한 밥상에 부족함을 느끼지 않지만 여러 반찬을 늘어놓은 부잣집 식단을 즐기던 시절에는 그렇지 않았습니다. 게다가 워낙에 요리를 좋아했으니, 때론 친구들을 불러 푸짐한 한 상을 차려주고 싶은 마음이 들기도 했습니다. 그래서 발상을 전환했습니다. 밥 이외의 메뉴에도 다양한 통곡물을 곁들여본 겁니다. 수수, 기장, 찰보리, 퀴노아 등. 곡식의 세계는 넓습니다. 채소의 맛이 각자 다른 것처럼 곡식도 그 맛과 식감이 모두 다릅니다. 붉은 수수와 볶은 채소를 넣고 만든 곡물만두는 고기로 만든 만두와 식감과 맛의 차이가 크지 않은데 소화도 잘되고 만들기도 쉬워 요리수업을 시작했던 시절부터 꾸준한 사랑을 받는 메뉴입니다. 고소한 맛과 톡톡 씹히는 식감이 매력적인 퀴노아는 국산 잣, 국간장으로 만든 드레싱을 끼얹어 샐러드로 먹으면 마치 치즈를 곁들인 샐러드와 같은 풍미를 즐길 수 있습니다. 여러 곡식을 요리하는 즐거움은 마크로비오틱을 실천하며 알게 된 새로운 세상입니다.

당근 퀴노아 샐러드와 반미 샌드위치

국간장, 현미식초와 같은 우리나라의 발효식품을 드레싱으로 사용하지만 퀴노아, 잣과 어우러지면 고소한 맛이 극대화되어 밥반찬이 아닌 샐러드나 전채요리로 즐길 수 있는 요리입니다. 고수를 곁들이면 동남아풍으로, 이탈리안 파슬리를 곁들이면 유러피안 스타일로 변신합니다.

당근 퀴노아 샐러드

만드는 과정

1 당근을 가늘게 채 썰고 소금 1/4작은술을 버무려 무거운 것으로 30분 이상 눌러둔다. 잣은 기름을 두르지 않은 냄비에 노릇하게 굽고 다져둔다. 퀴노아는 탁한 물이 나오지 않을 때까지 물을 여러 번 갈아가며 깨끗하게 씻는다.

2 퀴노아를 짓는다. 끓는 물에 퀴노아를 넣고 저어가며 한소끔 끓인다. 뚜껑을 덮고 불을 꺼질 듯 약하게 낮춘다. 수분이 완전히 졸아들고 퀴노아가 토실하게 익으면 불에서 내려

재료 약 3인분

당근 큰 것 한 개
소금 1/4 작은술
고수 약 2줄기
퀴노아 1/4컵
물 퀴노아 양의 1.5배 정도 양

양념

국간장 2작은술
현미식초 2작은술
잣 1~2큰술

퀴노아를 잘 섞고 뚜껑을 덮어 10분 이상 뜸을 들인다.

3 당근의 수분을 짜내고 지어둔 퀴노아, 양념과 버무린다. 1.5~2cm 길이로 썬 고수도 버무린다. 고수를 싫어한다면 이탈리안 파슬리 또는 파슬리도 어울린다.

Tips

1) 당근에 소량의 소금을 뿌려 무거운 것으로 눌러둔 뒤 수분을 짜내면 당근의 달큰한 맛을 살리고 식감을 부드럽게 할 수 있다.
2) 무거운 냄비라면 10분 정도, 무겁지 않은 냄비라면 물을 레시피보다 더 넣고 시간도 더 늘린다.

반미풍 당근 퀴노아 샌드위치

당근 퀴노아 샐러드와 구운 템페를 바게트에 끼우면 순식간에 베트남식 반미 샌드위치를 만들 수 있습니다. 취향에 따라 두부 마요네즈(224쪽 참고)와 토마토 살사(226쪽 참고)를 곁들이는 것도 좋습니다.

재료 약 3인분

당근 퀴노아 샐러드 3인분 분량
템페 반 팩
소금 적당량

빵 질감이 살아 있는 빵이 좋다면 바게트를, 부드러운 빵이 좋다면 치아바타를 사용한다

만드는 과정

1. 칼로 썰 수 있을 정도로 부드러워질 때까지 템페를 상온에서 해동한다. 부드러워지면 템페를 0.5cm 정도 두께로 썰어 준비한다.

   *템페는 인도네시아의 콩 발효식품인데, 청국장과 치즈 사이의 맛과 풍미가 특징이다. 두부보다는 단단하고 비지보다는 부드러운 식감으로, 물기를 제거하거나 전처리를 할 필요도 없으며, 냉동보관할 수 있다는 장점도 있어 여러 요리에 쓰기 좋은 식재다. 기름을 넉넉히 두르고 프라이팬에 굽거나 에어프라이어, 또는 오븐에 구워 샌드위치, 김밥 등의 재료로도 사용하며, 쪄서 소금 또는 발사믹 식초를 섞은 올리브유에 찍어 먹어도 맛있다.

2. 중불에 달궈 기름을 넉넉하게 두른 팬에 1의 템페를 넣고 소금으로 짭짤하게 간을 하며 노릇하게 굽는다.

3. 빵에 당근 퀴노아 샐러드와 2의 템페를 끼워 완성한다.

연근 함박스테이크

현미밥과 연근을 듬뿍 넣은 채식 함박스테이크입니다. 다진 채소를 볶아 넣으면 식감과 풍미가 한층 더 살아납니다. 밥 반찬으로도, 햄버거 재료로도 손색없으며, 동그랗게 빚은 뒤 튀겨 연근 미트볼로 즐기는 것도 별미입니다. 취향에 따라 넛메그, 오레가노와 같은 향신료와 허브를 더하는 것도 좋습니다.

만드는 과정

1 우엉, 양파, 불려둔 표고버섯을 새끼손톱 반 개 크기로 썬다.

2 우엉, 양파, 표고버섯을 기름에 볶고, 볼로 옮겨 담아 잠시 식혀둔다.

3 연근을 강판에 잘 갈아 물기를 꼭 짠다.

4 물기를 짠 연근, 현미밥, 볶아둔 채소, 통밀가루, 전분, 소금, 간장을 넣고 잘 치댄 뒤, 약 1~1.5cm 두께의 함박스테이크 모양으로 빚는다. 취향에 따라 얇게 슬라이스한 연근을 앞뒤로 붙이고 가볍게 통밀가루를 뿌린다.

5 중불로 달궈 기름을 두른 프라이팬에 함박스테이크를 넣고 뚜껑을 덮어 찌듯 익힌다. 노릇해지면 뒤집어서 반대면도 익힌다.

재료 3장

우엉 도톰한 것 약 7cm
연근 150g
양파 1/3개
마른 표고버섯 2개를 물에 불려둔다. 채수를 내고 남은 것을 사용해도 좋다.
현미밥 1/3컵
통밀가루 1.5큰술
전분 1큰술
소금 0.5작은술
간장 1작은술

Tips

짜낸 연근즙은 물, 소량의 생강즙과 함께 끓여서 연근탕으로 만들 수 있다. 연근탕은 기침 증상, 천식 등의 기관지 질환을 완화하는 데 도움이 된다.

찰보리 샐러드

채소에도 제철이 있듯, 곡식에도 제철이 있습니다. 6~7월의 햇보리와 햇밀이 대표적인 예입니다. 햇보리를 섞어 넣은 밥에 각종 열매채소, 열무를 얹고 진하게 끓인 청국장 찌개를 곁들인 한 상은 잊기 어려운 여름날의 별미입니다. 구수한 보리차도 빼놓을 수 없습니다. 한편, 의외일지도 모르지만, 보리는 샐러드와의 조합도 훌륭합니다. 톡톡 터지는 식감이 다른 채소와도 잘 어울리고, 포만감이 부족하기 쉽다는 샐러드의 단점도 보완할 수 있습니다.

6월의 햇보리를 사용한다면, 곁들이는 채소도 제철을 맞은 것을 사용하는 것이 좋겠지요. 이번 레시피에서는 완두콩과 햇감자, 양파, 애호박을 사용해 6월을 한 그릇에 듬뿍 담았습니다. 누군가에게 6월의 한국을 소개할 일이 있다면, 조심스럽게 이 한 그릇 샐러드를 내밀어보고 싶습니다.

만드는 과정

1. 찰보리는 깨끗하게 씻고 체에 밭쳐 물기를 빼둔다. 완두콩은 콩깍지를 벗겨둔다. 애호박은 0.5cm 두께로 동그랗게 썬다. 감자와 양파는 한입 크기로 썬다. 토마토와 오이는 작게 깍둑 썬다.

2. 썰어둔 오이에 소금을 한 꼬집 뿌려둔다. 오이에서 수분이 올라오면 천으로 가볍게 닦아둔다.

3. 끓는 물에 찰보리를 15분 정도 삶는다. 먹어보아 물컹하지 않되 지나치게 꼬들거리지 않을 정도로 익으면 체로 건지고 차가운 물에 씻어둔다.

4. 찰보리를 삶은 물에 완두콩깍지와 소금 한 꼬집을 넣고 끓인다. 끓기 시작하면 완두콩을 넣고 풋내가 날아가도록 삶고 식힌다.

5. 220℃로 예열한 오븐에 기름을 버무린 감자를 넣고 굽는다. 10분 지나면 기름을 버무린 양파와 애호박도 넣고 10분 더 익힌다.

6. 채소가 익으면 따뜻할 때 소금을 두세 꼬집 뿌려 간한다. 익혀둔 찰보리, 완두콩, 토마토, 오이, 드레싱도 넣고 버무린다. 그릇에 담아 완성한다.

재료 3인분

찰보리 1/4컵
완두콩 5~6깍지
애호박 2cm
감자 반 개
양파 1/4개
토마토 반 개
오이 1/4개

드레싱
다진마늘 반 쪽
레몬즙 1/2작은술
올리브유 1작은술
소금 한 꼬집

Part3 한 그릇 밥요리

여러 반찬을 차리는 것이 버겁게 느껴진다면 덮밥, 리조또 등 밥을 사용한 한 그릇 요리를 시도해보는 것도 좋습니다. 한 그릇 요리는 여러 반찬을 차릴 필요가 없고, 평소와는 다른 특식을 즐길 수 있어, 기분 전환 요리로도 훌륭합니다.

태국풍 바질채소 덮밥

처음으로 돈을 받고 일해본 음식점은 태국음식점이었습니다. 직원들 사이도 좋고 가족 같은 분위기라 일을 시작하기 전에 다함께 식사를 했는데, 식사 메뉴는 물론 태국인 주방장 아저씨가 직접 만들어주는 태국음식이었습니다. 그 덕에 손님들에게도 인기 있는 메뉴부터 태국인 아저씨가 그리워하는 현지의 향토요리까지 섭렵하며 태국에 살아본 적이 없는데도 태국음식에 꽤나 익숙해졌습니다.

많은 메뉴 중에서도 '가파오'가 나오는 날이면 내심 쾌재를 질렀습니다. 간 고기를 남플라, 채소와 함께 볶고 바질을 듬뿍 넣은 이 요리는 짭짤하면서도 알싸한 향이 식욕을 자극했습니다. 이 가파오만 있다면 흰 쌀밥과 맥주를 끝도 없이 비워낼 수 있을 것만 같았습니다.

그러나 몇 개월간 태국인 주방장과 함께 식사를 함께하고, 그의 요리를 옆에서 지켜본 경력이 무색할 정도로, 제가 만드는 가파오에는 주방장 솜퐁 아저씨의 노하우가 깃들어 있지 않습니다. 마크로비오틱 가파오의 주재료는 간 고기가 아닌, 혼자 감당할 수 없을 양을 사버리고는, 아차 싶어 냉동실로 보냈던 두부입니다. 얼렸던 두부를 실온에서 부드럽게 해동한 뒤, 손으로 꾹 눌러 물기를 짜면 맛은 한층 더 고소해지고, 식감은 얼리기 전의 두부보다 단단해집니다. 이 냉동 두부를 표고버섯과 함께 고슬고슬하게 볶다가 양념을 붓고 만든 두부 소보로가 저의 가파오에서는 고기를 대신합니다. 게다가 태국고추를 대신해 굵은 고춧가루로 매콤한 맛을 내고, 국의 간을 하거나 나물을 무칠 때에만 사용하던 국간장도 가열하면 신기하게도 남플라 못지않은 향을 내지요. 여기에 구운 단호박을 얹으면 달콤한 맛과 포근한 식감이 짭짤한 가파오의 맛을 한층 더 끌어올려 줍니다.

이렇게 저의 가파오 라이스에는 가파오라면 모름지기 갖추고 있어야 할 것들이 없기에, '가파오 라이스'가 아닌, 태국'풍' 바질 채소 덮밥이 되었습니다. 언제나 맛있는 태국음식을 차려주었던 주방장 아저씨에게는 미안한 마음도 들지만, 이 모습을 태국인 주방장 아저씨가 본다면 허탈해할지도 모르겠습니다. 뻔뻔한 마음일지도 모르겠지만, 부디 그가 태국음식을 한국의 식물성 재료만으로 만들어낸 점을 기뻐해주기를 바라봅니다.

만드는 과정

1. 얼렸다가 해동한 두부를 꾹 눌러 물기를 짠다. 손으로 고슬고슬하게 풀어둔다. 마늘은 얇게 슬라이스하고 양파와 파프리카는 1cm 폭으로 깍둑 썬다. 불린 표고버섯은 새끼손톱 정도 크기로 다진다. 단호박은 0.5cm 두께로 썰고 미리 노릇하게 구워둔다.

2. 프라이팬을 달궈 기름을 두르고 미리 준비한 두부를 고슬고슬하게 볶는다. 노릇하게 익으면 그릇에 덜어둔다.

3. 프라이팬에 기름 적당량을 두르고 약불에서 마늘을 볶는다. 마늘향이 올라오면 팬을 중약불로 달궈 양파를 볶는다.

4. 양파가 반투명해지면 팬의 한편을 비우고 다진 표고버섯을 넣고 볶는다. 다진 표고버섯이 꼬들하게 익으면 팬에 빈 자리를 만들고 파프리카를 볶는다. 파프리카가 익으면 미리 볶아둔 두부와 양념을 넣고 수분이 날아갈 때까지 중~강불에서 익힌다.

5. 수분이 날아가면 불에서 내린 뒤, 바질을 넣고 섞는다.

6. 현미밥에 5를 얹고, 취향에 따라 단호박을 곁들여 완성한다.

재료 3인분

얼린 두부 반 모
마늘 두 쪽
양파 작은 것 한 개
불린 표고버섯 2개(채수를 내고 남은 것을 사용해도 좋다)
붉은 파프리카 반 개
단호박 1/4개
바질 한 줌

양념
물 반 컵
국간장 1작은술
간장 1.5큰술
고춧가루 1/2작은술
레몬즙 1작은술

Tips

1) 두부가 차갑거나 수분이 많이 남아 있으면 팬에 눌러붙기 쉬우니, 미리 실온에 꺼내두고 수분을 충분히 짜낸다.

2) 팬을 뜨겁게 달군 뒤 마늘을 넣으면 쉽게 타니, 팬을 달구기 전에 기름과 마늘을 함께 넣고 약불에서 천천히 향을 내며 익힌다.

민트향 드라이커리

떡볶이에 국물 떡볶이와 기름 떡볶이가 있듯, 커리에도 우리에게 익숙한 걸쭉한 국물의 커리와 달리 고슬고슬한 드라이커리가 있답니다. 주로 간 고기로 만든 '키마 커리'가 이런 드라이커리의 형태를 띠지요. 마크로비오틱 드라이커리를 만들 때에는 고기 대신 얼려두었던 두부와 뿌리채소를 사용해 식감을 놓치지 않고 달콤한 맛도 더합니다.

만드는 과정

1 얼린 두부는 상온에서 해동해둔다. 손으로 눌러 물기를 빼고 고슬고슬하게 손으로 풀어 준비한다. 마늘은 얇게 슬라이스하고, 마늘 이외의 채소는 새끼손톱 반 개 정도 크기로 굵게 다진다.

2 팬을 중~강불로 달구고 기름을 둘러 언 두부를 볶는다. 노릇하고 고슬고슬해지면 그릇에 덜어둔다.

3 기름을 두른 팬에 마늘을 넣고 마늘향이 오를 때까지 약불에서 익힌다. 마늘향이 오르면 우엉을 넣고 약불에서 우엉 특유의 산 냄새가 날아갈 때까지 볶는다. 우엉향이 날아가면 중불로 불을 올리고 양파, 셀러리, 당근도 볶는다.

재료 3인분

얼린 두부 약 1/3모
당근 1/4개
우엉 10cm
양파 1/4개
셀러리 반 줄기
마늘 한 쪽
스피아민트 적당량

양념

물 반 컵
카레가루 2작은술
된장 2작은술
간장 2작은술
토마토소스 1작은술(221쪽 참고)

4 양파가 투명하게 익으면 덜어두었던 두부를 넣고 볶는다. 불을 약불로 낮춘 뒤, 섞어둔 양념을 넣는다. 뚜껑을 덮고 약불에서 수분을 졸인다. 수분이 거의 졸아들면 뚜껑을 열고 골고루 섞어가며 고슬고슬해지게끔 수분을 날린다.

5 그릇에 현미밥과 드라이커리를 담는다. 취향에 따라 스피아민트 잎을 곁들인다.

Tips

1) 드라이커리는 밥에 올려 비벼도 좋고, 밥과 함께 볶으면 커리 볶음밥으로 응용할 수 있다. 밥 대신 채 썬 감자와 볶으면 밑반찬으로도 훌륭하다.

2) 토마토소스가 없으면 토마토퓨레나 토마토주스로 대체할 수 있다.

미나리 리조또

저에게 리조또는 바쁠 때 급히 차려 먹는 인스턴트 식품과도 같은 메뉴입니다. 냉장고 속 남은 채소와 찬밥, 질 좋은 올리브유로 뚝딱 만들 수 있으니까요. 치즈가 없어도 소량의 국간장을 사용하면 치즈와 같은 꼬릿하면서도 짭짤한 감칠맛이 납니다. 냄비에 지어 고슬고슬한 밥보다는 압력밥솥에 지어 조금 더 밥알이 살아 있는 현미밥을 쓰는 편이 잘 어울립니다.

만드는 과정

1 마늘은 얇게 편 썰고, 미나리와 만가닥버섯은 2cm 길이로 썬다.

2 프라이팬에 기름을 두르고 약불에서 마늘을 볶는다. 마늘향이 오르면 만가닥버섯을 볶는다. 버섯이 노릇해지면 채수 세 컵과 소금을 넣고 끓인다.

3 채수가 끓으면 차가운 현미밥을 풀어 넣고 강불에서 끓인다. 현미밥이 채수를 머금어 수분이 줄어들면 조금씩 채수를 더해가며 끓인다. 현미밥이 지나치게 물렁하지 않을 정도로 풀어지면 미나리와 국간장을 넣고 한소끔 끓인다.

재료 3인분

마늘 세 쪽
만가닥버섯 두 줌(150g)
압력밥솥에 지은 현미밥 두 공기 반
다시마 채수 3~4컵(178쪽 참고)
소금 1/3작은술
국간장 2/3작은술
미나리 크게 한 줌
올리브유, 후추 적당량

4 리조또를 그릇에 담고 취향에 따라 생미나리 잎을 곁들여 장식한다. 올리브유와 후추를 뿌려 마무리한다.

Tips

1) 약불에서 오래 끓이면 현미밥이 지나치게 풀어져 리조또가 아닌 죽이 되어 버리니 센 불에서 짧게 조리한다.

2) 미나리 대신 이탈리안 파슬리를 사용하면 조금 더 본격적인 이탈리아 요리의 향을 더할 수 있다.

탄.단.지 덮밥

주변의 다이어트식단을 보고 있노라면, 맛도 없고 몸의 균형을 망가뜨릴 게 뻔해, 잔소리를 하고 싶은 마음이 앞섭니다. 추운 겨울에도 토마토, 바나나와 같이 몸을 차게 하는 음식을 주식처럼 먹고 지내고, 보기만 해도 퍽퍽한 닭가슴살은 맛도 없고 소화와 흡수가 편하지도 않습니다.

 몸매 관리를 하는 사람들에게는 토마토, 바나나, 닭가슴살보다 이 한 그릇 요리를 권하고 싶습니다. 이름하여 '탄.단.지 덮밥'. 현미밥으로 우리 몸에 꼭 필요한 양질의 탄수화물을 섭취할 수 있고, 고기 대신 두부와 버섯으로 소화도 잘되고 체내에 흡수가 잘 되는 식물성 단백질을 섭취할 수 있습니다. 여기에 껍질을 벗기지 않은 통들깨까지 더해 우리 몸에 꼭 필요한 식물성 지방도 놓치지 않았답니다. 생명력과 영양가가 없는 감미료 대신 양파와 간장으로 달콤 짭짤한 맛을 내, 몸에 주는 부담도 한층 더 줄일 수 있습니다. 마무리로 깻잎을 빼놓지 마세요. 피클, 장아찌 등 자극적인 반찬이 없어도, 은은한 깻잎향이 더해지면, 이 한 그릇만으로도 다양한 향과 식감을 즐길 수 있습니다.

만드는 과정

1 두부는 깍둑 썰고 천 위에 올려두어 여분의 물기를 제거한다. 만가닥버섯은 서로 붙어 있는 줄기를 손으로 잘 떼어둔다. 양파는 결을 따라 0.5cm 폭으로 썬다. 깻잎은 곱게 채 썰어둔다.

2 프라이팬을 중불로 달구고 기름을 둘러 두부를 노릇하게 굽는다. 두부가 노릇해지면 만가닥버섯도 넣어 노릇하게 굽는다.

3 약불로 줄여 양파를 가볍게 익힌다. 양파가 반 정도 숨이 죽었을 때 간장을 부어 중불에서 졸인다.

4 간장이 바싹 졸기 전에 불에서 내린다. 밥에 익힌 채소와 두부를 얹고, 채 썬 깻잎과 들깨를 곁들여 완성한다.

재료 3인분

현미밥 세 공기
두부 반 모
만가닥버섯 한 줌
양파 반 개
간장 3큰술
깻잎 적당량
볶은 들깨 적당량

양배추와 새송이버섯 솥밥

밥 냄새에 마음이 들뜨는 건 저뿐만이 아닌가 봅니다. 요리 수업에서 갓 지은 밥의 뚜껑을 열고 위아래를 잘 섞어줄 때에는, 생일 케이크를 자르는 순간처럼 다들 핸드폰을 꺼내고 사진을 찍기 바쁩니다. 수업에서 밥 짓는 모습을 몇 번이고 보았을 텐데 말이죠. 오랫동안 선 채로 수업을 들어 고단해하다가도 이 순간이 오면 너나 할 것 없이 신이 난 표정입니다. '밥만 먹어도 맛있을 것 같다'는 말은 매 수업마다 듣는 단골 멘트죠. 모두가 즐거워하는 이 순간을, '개봉식'이라고 이름 붙이기에 이르렀습니다. 마크로비오틱 집밥에서는 고기 요리 대신 갓 지은 밥이 메인 요리입니다. 등장만으로도 한순간에 분위기가 화기애애해지니, 메인 요리 대접을 받을 자격은 충분합니다.

다양한 밥 요리 중에서도 솥밥은 특히 인기 있는 메뉴입니다. 만들기도 쉽고, 맛있는 솥밥 하나면 여러 반찬, 국을 늘어놓지 않아도 훌륭한 식사를 할 수 있으니 주방일을 하는 사람에게는 효자 같은 존재입니다. 구하기 어려운 채소를 사용할 필요도 없습니다. 솥밥에 들어가면, 냉장고 서랍 속에서 잠들어 있던 양배추와 새송이버섯도 식탁의 주인공이 될 수 있습니다. 특히 달콤해질 대로 달콤해진 봄 양배추를 권합니다. 뜸을 들일 때 양배추를 넣으면 양배추가 과하게 물컹해지지도 않고, 생양배추 특유의 풋내를 줄이고 단맛을 살릴 수 있습니다.

만드는 과정

1. 프라이팬을 뜨겁게 달구고 기름을 둘러 새송이버섯을 굽는다. 양면이 노릇해지면 불에서 내린다.

2. 무거운 냄비에 현미, 참깨, 구운 새송이버섯, 다시마 순서로 올리고 물, 소금, 국간장을 넣고 밥을 짓는다.

3. 밥이 다 되면 불에서 내린다. 한입 크기로 썰어둔 양배추를 넣고 뚜껑을 덮어 5분 뜸을 들인다. 위아래가 잘 섞이게끔 가볍게 뒤섞고, 다시 뚜껑을 덮어 5분 더 뜸을 들인다.

재료 4인분

현미 2컵
새송이버섯 1cm 두께로 동그랗게 썰어 한 컵
국간장 2작은술
소금 1/2작은술
참깨 2작은술
다시마 명함 크기 한 장
물 580ml(무거운 냄비에 짓는 경우)
양배추 작은 것 1/8통

한입 더
가급적 친환경 농법으로 재배한 재료를

마크로비오틱 요리를 대중에게 선보이고 싶다는 마음으로 1인 식당을 운영하던 시절이 있었습니다. 7년간 회사원으로 일을 하던 사람이, 덜컥 주문을 받는 것부터 요리, 서빙, 마감까지 혼자 했으니, 돌이켜보면 무모하기 이를 데 없는 시도였습니다.

식당을 운영하며 가장 힘들었던 시간은 아이러니하게도, 영업시간이 아닌 잠시 주어지는 세 시간 정도의 브레이크 타임이었습니다. 누군가는 이 시간을 사용해 잠시 테이블에 엎드려 단잠을 즐기기도 하고, 커피를 마시며 기분 전환을 하기도 한다던데, 저에게는 어림도 없었습니다. 식당에서 주방일을 해본 적이 없으니, 재료 양에 대한 감이 없고 손이 작아, 점심시간이 끝날 무렵이면 당장 그날 저녁과 다음 날 영업에 필요한 재료가 동이 나고 말았습니다. 그러니 남들은 쉬는 브레이크 타임에 장을 봐야 했습니다.

장보기에는 40~50분 정도의 시간이 소요됐는데, 장을 보는 데 이렇게나 시간이 걸린 이유는 식당 근처 마트가 아닌 국내산 유기농 식품을 다루는 '한살림'에서 장을 보기 때문이었습니다. 점심 영업을 마친 뒤 늦은 점심 식사를 하고, 허둥지둥 장을 보고 오면, 어느덧 저녁 영업을 준비하기 위해 밥을 앉을 시간이 되어 있었습니다.

친환경 식재료를 고집하는 데에는 나름의 이유가 있습니다. '마크로비오틱은 흙이 묻은 뿌리나 껍질도 먹어야 하니 같은 채소를 고르더라도 유기농을 선택해야 한다'라는 이야기도 들려옵니다. 물론, 마크로비오틱 식생활에서 가급적 친환경 농법으로 재배한 재료를 사용한다는 점은 사실이지만, 이 의견은 반은 맞고 반은 맞지 않은 생각입니다.

농약과 화학비료가 건강에 해롭다는 것은, 그 성분의 영양학적 유해성을 떠나 마크로비오틱의 관점에서 보았을 때도 맞는 말입니다. 자연에서 나고 자란 것이 아닌 화학처리를 하고 실험실에서 태어난 음식은 자연의 섭리를 따른, 생명력을 가진 재료라 보기 어렵습니다. 화학처리를 한 농약과 화학 비료를 사용해 키운 식재료를 먹는 것 또한 자연의 섭리를 따르지 못한 식생활입니다.

하지만, 마크로비오틱 식당을 운영하며 유기농 재료를 고집한 이유는 건강 때문만은 아닙니다. 농약과 화학비료를 사용한 농법은 저렴하게 많은 이들을 먹일 수 있는 장점이 있기에, 빠르게 성장하고 퍼져나갔습니다. 하지만 이러한 방법은 눈앞의 급한 불을 끄기 위한 단기적인 선택일 뿐, 미래를 바라본 선택은 아닙니다. 농약과 화학비료는, 깨끗하던 우리의 산과 들, 강과 바다를 오염시켰고, 생물들이 깨끗하고 안전하게 살아갈 수 있는 자리는 점점 줄어들었습니다. 인간도 지구의 수많은 생명체 중 하나일 뿐인데, 인간이 다른 생명체의 삶의 터전을 빼앗으며 배를 채우는 건 이기적인 마음이 아닐까요. 저는 자연과의 조화를 추구하는 마크로비오틱 밥상에는 배려심을 담고 싶습니다. 때문에 마크로비오틱을 일상에 들여오고 싶다면 가급적 친환경 농법으로 재배한 식재료로 밥상을 차려보는 노력을 권하고 싶습니다.

자연과 가까워지는 요리법
네 번째, 첨가물과 감미료는 멀리

첨가물 대신 생명력이 깃든 기본 조미료를

제 냉장고와 찬장에는 세계 각지의 소스, 조미료가 가득할 것이라고들 생각하나 보던데 딱히 그렇지도 않습니다. 소스로 재료의 맛을 덮기보다는, 생명력을 듬뿍 품은 제철 재료가 주인공이 되는 요리를 하고 싶으니, 찬장 살림은 재료의 맛을 잘 살려주는 질 좋은 기본 조미료와 천연 향신료만으로 채워 단출합니다.

시판 조미료나 소스에는 화학처리를 한 첨가물이 사용되는 경우가 많습니다. 간장, 된장과 같은 발효식품도 시판 제품은 색소가 첨가되거나, 화학적인 방법으로 속성 발효시킨 경우가 많습니다. 생명력이 깃들어 있어야 할 자리를 화학물질이 차지하고 있으니, 마크로비오틱 식생활을 하는 제 기준에서는 자연스러운 음식이라고 보기는 어렵습니다. '가공식품'으로 분류되는 음식 역시 대부분 각종 첨가물이 사용되고 있습니다. 흔히들 먹고 있는 인스턴트 식품, 반조리 식품이 대표적입니다.

늘 제철의 생명력을 듬뿍 담은 재료를 사용하는 만큼, 소중한 재료를 조금 더 귀하게 대접하고 싶습니다. 첨가물이 사용된 조미료나 가공식품을 요리에 사용하는 것은 한껏 물오른 재료의 맛을 감추는 아까운 요리 방법입니다. 또, 내가 차린 음식을 먹을 사람에게도 자연스러운 재료만으로도 이토록 풍성한 맛이 날 수 있다는 것을 몸소 느끼게 해주고 싶습니다. 시판 소스 하나 없이 만들었지만, 평소에는 가공식품을 즐겨 먹던 수강생들, 식당을 하던 시절의 손님들은 마크로비오틱 방식으로 만든 저의 음식을 먹고는 '건강한 맛'이라는 평가 대신 '금귤과 봄동이 이렇게 잘 어울리는 줄 몰랐다', '순무에서 마치 버터 같은 맛이 난다'라며 재료와 기본 조미료만으로 만들어낸 순수한 맛에 놀라워하곤 했습니다.

굳이 화장을 하거나 교복을 줄여 입지 않아도 아이들은 충분히 예쁩니다. 재료도 마찬가지입니다. 알맞은 환경에서 나고 자란 재료는 그 자체만으로도 최고로 맛있는 요리가 될 가능성을 듬뿍 안고 있습니다. 그러니 이 양념 저 양념을 더하기보다는, 질 좋은 기본 조미료만으로 재료를 돋보이게 해주는 것이 좋은 재료를 위하는 마음입니다.

질 좋은 기본조미료 고르는 방법

소금

저염식이 유행하며, 소금이 독약 취급을 받기도 하지만, 엄연히 염분도 인체에 필요한 성분입니다. 따라서, 지나친 저염식을 하기보다는 질 좋은 소금을 구비해두고 필요한 만큼의 소금을 요리에 사용하는 것이 좋습니다. 다만, 불필요한 정제 과정을 거치며 자연에서 멀어진 정제염, 맛소금은 예외입니다. 기본적으로 우리 풍토에 맞는 국산 천일염을 사용하며, 입자가 굵은 것과 고운 것 두 가지를 구비해두면 여러 요리에 두루 사용할 수 있습니다. 저의 경우, 이 두 가지에 더불어 입자가 고운 토판염도 사용합니다. 토판염은 비닐이나 타일 장판이 아닌, 갯벌 바닥을 다진 흙장판을 사용해, 보다 전통적인 방식으로 채취한 소금입니다. 지나치게 짜거나 쓰지 않고, 부드럽게 입안에 감기며 재료 본연의 맛을 더 돋보이게 해줍니다. 프랑스의 게랑드 지역에서 만든 소금이 토판염이라는 이유로 인기를 끌고 있지만, 우리나라의 신안에서도 생산되고 있는 국내산 토판염도 인터넷에서 쉽게 구매할 수 있습니다.

국간장(조선간장, 한식간장)과 된장

국산 재료를 사용하며, 국산콩, 천일염 등 천연 재료만을 사용해 전통제법으로 천천히 발효시킨 것을 사용합니다. 탈지대두, 올리고당, 효모 추출물 등 감미료, 방부제, 착색료를 사용하거나 속성 발효시킨 간장과 된장은 피합니다.

양조간장

국간장과 달리, 콩, 소금, 물에 더불어 밀과 종국을 넣고 발효시킨 것입니다. 국간장과 마찬가지로 국산 천연 재료를 사용해 천천히 발효시킨 간장을 사

Tips
즐겨 사용하는 소금의 종류와 용도

*입자가 굵은 일반 천일염: 소금으로 비벼서 손질해야 하는 채소를 다룰 때, 김치를 담글 때와 같이 소금을 많이 써야 할 때 주로 사용한다. 또는 채소를 데치거나 파스타 면을 삶을 때 등, 음식의 맛을 정하는 용도는 아니지만 소금이 필요할 때 사용한다.

*입자가 고운 일반 천일염: 밥을 지을 때나, 살짝 절여서 재료의 수분을 조금 빼낼 때처럼, 음식의 맛을 정하는 용도는 아니지만 소금이 필요할 때 사용한다.

*입자가 고운 토판염: 간을 맞추거나 음식의 맛을 직접적으로 정하는 용도로 소금이 필요할 때 사용한다.

용합니다. 하지만, 시판 양조간장의 경우, 이 밖에도 향미증진제나 영양강화제 등을 첨가한 경우가 많습니다. 제가 사용하는 간장은 '한살림'의 진간장인데, 다른 첨가물 없이 콩, 소금, 밀, 물, 종국만으로 만든 만큼, 시판 간장보다 짠 편입니다. 이 책에서도 같은 간장을 사용했으니, 첨가물이 섞인 시판 간장을 사용하는 경우 레시피보다 간장 양을 늘려야 합니다. 하지만 이 기회에 첨가물이 섞이지 않은 간장으로 찬장 살림을 바꿨으면 하는 바람입니다.

기름

재료에 향을 더하는 목적으로 사용하는 기름과, 특별한 향은 없지만 볶음, 튀김 등 재료를 가열하기 위해 사용하는 기름 두 가지로 나눠 사용합니다. 어떤 것이든 정제 식용유보다는 압착 식용유를, 수입산보다는 국내산 재료를 우선합니다. 기름은 공기와 만나는 순간부터 품질이 저하되기 시작하니 적은 양을 구매해 가급적 빨리 사용하도록 합니다.

1) 향을 내기 위해 사용하는 기름

주로 참기름, 들기름, 올리브유를 사용하는데 어떤 것이든 고온에서 압착한 것은 쉽게 산패되니, 저온에서 압착해 색은 연하면서도 향은 짙은 것을 사용합니다. 들기름은 볶지 않은 생들깨를 압착한 생들기름도 신선하고 맛있습니다. 아쉽게도 올리브유는 국내산이 없어 수입산을 사용해야 하지만, 역시 생과육을 냉압착해 짜낸 것을 사용하며, 그중에서도 품질이 좋은 엑스트라 버진 올리브유를 사용합니다. 모두 직사광선을 피해 서늘한 곳에서 보관하되, 굳기 쉬운 올리브유의 경우, 냉장보관은 피합니다.

2) 가열을 목적으로 사용하는 기름

한편, 볶음, 튀김 등 가열요리에 사용하는 향이 강하지 않은 식용유는 수입산 재료로 만든 기름에도 국내산 재료로 만든 기름에도 아쉬운 마음이 남아 있습니다. 콩기름, 카놀라유, 옥수수기름 등 수입산 재료로 만든 식용유는, 가격은 저렴하나 유전자 변형 작물(GMO)로 만든 것이 많으며, 유전자 변형 작물은 자연의 섭리를 거스른 것이기에 마크로비오틱 식생활에는 맞지 않습니다. 그 밖에 포도씨유나 해바라기유도 시중에서 많이 볼 수 있는데 화학 용매와 섞어서 추출하며, 소량이기는 하지만, 그 성분이 남아 있는 경우가 많습니다. 국내산 재료를 사용한 식용유로는 현미유가 대표적인데, 그 성분이 남아 있지는 않지만 이 또한 화학용매와 섞어서 추출합니다. 국산 재료를 사용해 자연스러운 방식으로 짜낸 식용유로는 땅콩기름, 호두기름이 있는데, 특유의 향이 강한 편입니다. 결국, 제 마음에 쏙 드는 식용유는 아직 찾지 못했지만, 국산이면서도 화학용매 성분이 남아 있지 않은 현미유와 화학용매의 힘을 빌리지 않고 압착 추출한 이탈리아산 포도씨유 두 종류를 사용하고 있습니다.

식초

주정 및 첨가물 없이 자연발효한 양조식초를 사용합니다. 시판되는 양조식초는 주정에 초산균을 주입해 속성 발효한 것이 대부분인데, 인체에 주는 영향을 둘째로 치더라도, 깊은 맛이 부족하고 시큼하기만 해 음식의 맛을 해칩니다. 이런 식초를 요리에 사용하면 시큼한 맛을 덮기 위해 감미료 사용량도 늘어날 수밖에 없습니다. 때문에 주로 현미, 쌀누룩, 엿기름, 물만을 사용해 자연 발효시킨 현미식초를 사용합니다. 자연 발효시킨 현미식초는 신맛이 독하지 않고 감칠맛이 돌아, 여러 요리에 무난하게 사용할 수 있습니다. 샐러드나 피클에는 현미식초보다 신맛이 덜하고, 약간의 단맛이 감도는 감식초나 발사믹 식초를 사용하기도 합니다.

수제 소스로 수고는 덜고 식탁은 다채롭게

한편, 파스타, 샌드위치와 같은 서양 음식을 만들고 싶은 때도 있기 마련입니다. 이런 날도 마찬가지로 시판 소스의 힘을 빌리기보다는 그 계절의 가장 맛있는 재료를 사용해 직접 소스를 만듭니다. 베어 물기만 해도 달콤한 완숙 토마토는 뭉근하게 조려 토마토소스로 만들고, 향과 색이 진한 녹색 채소와 허브가 제철일 때에는 질 좋은 올리브유와 함께 갈아 페스토나 퓌레를 만듭니다. 고소한 마요네즈도 달걀 없이 순식간에 만들 수 있습니다. 면이나 밥에 조금만 곁들이면 순식간에 파스타나 리조또, 볶음밥도 만들 수 있으니, 수제 소스를 만들어 두면 인스턴트, 반조리 식품이 필요 없어집니다.

하지만 모든 일에는 장점도 있고 단점도 있는 법. 부패를 늦춰주는 첨가물을 사용하지 않고, 시판 소스보다 기름과 소금도 적게 사용하니, 시판 소스처럼 오래 보관할 수 있지는 않습니다. 만든 소스를 오래 보관하는 방법도 함께 소개했지만, 수제 소스는 먹을 수 있을 만큼 소량만 만들고, 가급적 빨리 먹도록 합니다.

오늘부터 시작하는
수제 소스로 차리는 간편 요리

봄동 퓨레를 곁들인 새송이버섯 구이

채소 퓨레를 곁들이면 늘 먹던 채소구이도 새롭게 먹을 수 있답니다. 채소 퓨레는 주로 버터와 생크림으로 만들지만, 유제품 대신 잣을 사용하면 고소한 맛은 살리면서도 몸에 주는 부담을 줄일 수 있습니다.

만드는 과정
봄동 퓨레

1. 양파는 결을 따라 가늘게 채 썰어 소금 한 꼬집을 버무려둔다. 봄동은 한입 크기로 썬다.

2. 약불로 달군 냄비에 기름을 소량 두른다. 양파를 넣고 뚜껑을 덮어 양파가 투명해질 때까지 약불에서 익힌다. 양파가 투명해지면 봄동을 넣고 봄동의 풋내가 날아갈 때까지 익힌다.

3. 물과 잣을 넣고 끓인다. 끓기 시작하면 불을 약하게 낮추어 잣이 통통해질 때까지 부드럽게 익힌다. 믹서로 곱게 갈고 국간장과 소금으로 간한다.

재료 약 3인분
양파 1/4개
봄동 작은 것 한 포기
물 반 컵
잣 1큰술
소금 1/4작은술
국간장 1/2작은술
새송이버섯 두 개
금귤, 래디쉬, 어린잎 채소, 올리브유 적당량

새송이버섯 구이

1 새송이버섯을 약 2cm 두께로 썰고, 양면에 격자무늬로 오징어처럼 칼집을 낸다.

2 프라이팬을 뜨겁게 달구고 기름을 두른다. 새송이버섯을 넣고 한쪽 면을 노릇하게 익힌다. 한 번 뒤집은 뒤, 불을 약하게 낮춘다. 뚜껑을 덮어 안까지 익힌다.

완성

그릇에 봄동 퓨레를 넉넉히 깔고 새송이버섯 구이를 올린다. 취향에 따라 슬라이스한 금귤, 래디쉬, 어린잎 채소를 토핑하고 후추와 올리브유를 뿌린다.

Tips

많이 만들어둔 봄동 퓨레는 밀폐용기에 넣고 냉동하면 2개월 정도 장기 보관할 수 있다.

레몬소금

요리의 풍미와 색감을 살리기 위해, 종종 레몬이 필요해질 때가 있습니다. 하지만 많은 양이 필요하지 않은 만큼, 남은 레몬은 곰팡이가 피어 버리기 일쑤입니다. 사시사철 마트에서 구할 수 있는 레몬은 왁스, 농약 걱정이 되는 수입산뿐이고요. 국내산 유기농 레몬을 만날 수 있는 철에 미리 레몬소금을 만들어 두면 이럴 때 맹활약합니다. 레몬의 향을 더해주고 약간의 간도 맞춰주지요. 레몬 껍질까지 버리지 않고 먹을 수 있다는 장점도 있답니다. 샐러드 드레싱, 파스타, 채소구이 등의 간을 할 때 소금과 함께 사용하면 요리에 상큼한 맛을 더할 수 있습니다.

재료 약 500ml 정도
유기농 레몬 300g
소금 30g

만드는 과정

1. 레몬은 소금으로 비벼 씻고 도톰하게 썰어 씨를 빼낸다.

2. 깨끗하게 열탕 소독한 유리병에 레몬과 소금을 번갈아 넣고 밀봉한다.

3. 하루에 한 번씩 흔들어서 소금과 레몬을 골고루 섞어가며, 2주 정도 실온에 보관한다.

4. 2주 정도 지나 레몬에서 진득한 수분이 흘러나오면 잘 만들어진 것. 페이스트 상태가 되도록 갈아서 냉장 보관한다.

Tips

만들어둔 레몬소금은 깨끗하게 열탕 소독한 유리병에 넣어 1년 정도 냉장 보관할 수 있다.

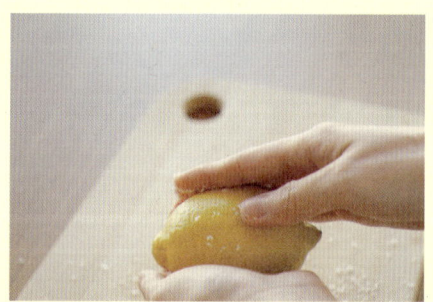

레몬향 배추 미역 파스타

레몬소금을 활용한 메뉴를 한 가지 소개할게요. 채소를 볶다가 파스타를 곁들이고 레몬소금으로 간을 하기만 하면 되는 아주 간단한 메뉴랍니다. 레몬소금 파스타는 어떤 채소로 만들어도 맛있지만, 그중 가장 좋아하는 재료는 뭐니 뭐니 해도 생해조류입니다. 늘 말려놓거나 염장해두었던 것을 먹다가, 생미역, 톳, 파래를 장터에서 만난 날은 '아, 이제 정말 추워지는구나' 하는 실감이 나지요. 불순물을 제거하기 위해 해조류를 씻고 손질하다 보면 물씬 풍겨오는 바다 향기에 마치 해안 마을로 여행을 온 듯한 느낌도 듭니다. 바다향을 품은 재료이니 마늘, 면과 함께 올리브유를 두른 팬에 살짝 볶으면 마치 봉골레 파스타와도 같은 향을 즐길 수 있습니다.

재료 3인분

물미역 2줌(150g)
파스타 3인분
파스타 삶을 물 약 1.5L
파스타 삶을 물에 넣을 소금 1.5큰술
마늘 3쪽
만가닥버섯 크게 한 줌
레몬소금 1큰술+반 큰술
알배추 두 장

만드는 과정

1 볼에 물을 받고, 물미역을 담가 바락바락 주물러가며 씻는다. 불순물을 버리고 다시 물을 받아 주물러가며 씻는다. 더 이상 불순물이 나오지 않을 때까지 서너 번 물을 갈아가며 씻은 뒤 물기를 꼭 짜고 먹기 좋은 크기로 썰어둔다. 단단하고 꼬불꼬불한 줄기 끝부분은 잘라낸다.

2 마늘은 얇게 슬라이스하고 만가닥버섯은 먹기 좋은 크기로 썰어둔다. 알배추는 줄기 부분은 먹기 좋은 크기로 썰고 노란 잎은 가늘게 채 썬다.

3 물에 소금을 넣고 끓으면 파스타 면을 삶기 시작한다.

4 파스타를 삶는 동안, 프라이팬에 올리브유를 두른 뒤 슬라이스한 마늘을 올리고 약불에서 마늘향이 오르도록 익힌다. 마늘향이 오르고 마늘이 충분히 익으면 마늘은 건져둔다.

5 4의 팬에 만가닥버섯과 배추 줄기를 볶는다. 파스타가 다 익어가면, 팬에 물미역도 넣고 볶는다.

6 파스타가 다 익고, 물미역이 초록색으로 변하면, 건져두었던 마늘과 파스타를 넣고 볶는다. 파스타를 삶은 물 한두 국자와 레몬소금 1큰술도 넣는다.

7 레몬소금이 골고루 버무려지면 불을 끄고 마지막으로 레몬소금 반 큰술 더해 잘 버무린다.

8 그릇에 파스타를 담고, 채 썬 배춧잎을 올린다. 갓 간 후추와 질 좋은 올리브유로 마무리한다.

Tips

레몬소금은 오래 가열하면 향이 연해지니, 일부는 불에서 내린 뒤 넣는다.

만능 토마토소스

온몸이 나른해 도무지 식사를 차릴 기운이 없지만, 그렇다고 해서 바깥 음식을 먹고 싶지는 않은 날. 이런 날이면 냉동실 안에서 잠들어 있는 토마토소스를 깨웁니다. 가공식품의 힘을 빌리지 않고도 간단하게 한 끼를 만들어줄 오늘의 주인공입니다. 토마토소스를 프라이팬에서 따끈하게 녹이고 삶은 파스타와 약간의 면수를 더해 버무린 뒤 그릇에 담아 올리브유를 쪼르륵 올리면 순식간에 토마토소스 파스타가 완성됩니다.

    토마토소스는 냉동해도 맛과 식감이 변하지 않아 보관이 편할 뿐만 아니라, 파스타, 라자냐, 피자 소스 등으로 다양하게 활용할 수 있는 만능 조미료입니다. 블렌더로 곱게 갈면 케첩 대신 사용할 수도 있죠. 되도록 걸쭉하게 만들어 케첩, 피자 소스 등 수분이 적은 요리에는 그대로 사용하고, 파스타 소스처럼 묽게 사용해야 하는 경우에는 채수 또는 물을 소량 더합니다.

    익을 대로 익어 물러 가는 토마토가 보인다면, 버리지 말고 토마토

소스로 만들어 보세요. 과육이 꽉 차 탱글탱글한 토마토보다 훨씬 진한 맛을 낼 수 있습니다. 애매하게 남은 자투리 채소도 보인다면 주저하지 말고 다져서 양파와 함께 볶아보세요. 바질이나 오레가노 등의 허브를 더하는 것도 좋습니다. 맛과 식감은 더욱더 풍부해지고, 버려질 위기에 놓인 채소를 멋지게 구출해내는 삶의 요령도 늘어납니다.

만드는 과정

1 마늘은 편 썰어두고 양파는 새끼손톱 반 개 크기로 다진다. 토마토는 믹서기로 갈아둔다.

2 냄비에 기름을 두르고 마늘을 약불에서 향이 오를 때까지 익힌다. 마늘향이 오르면 중불로 올리고 다진 양파를 넣는다. 마늘향이 퍼진 기름이 양파에 잘 버무려지게끔 골고루 섞는다. 뚜껑을 연 채 양파의 매운향이 날아갈 때까지 볶는다. 이따금씩 위아래로 섞는다. 양파에 연한 갈색빛이 돌고 매운향이 날아갈 때까지 충분히 볶는다.

3 양파 특유의 매운향이 날아가면 월계수 잎과 갈아둔 토마토를 넣고 뚜껑을 비스듬히 걸친다. 중불에서 생토마토의 냄새가 날아가고 걸쭉해질 때까지 뭉근하게 졸인다. 수분이 거의 남지 않고 묵직해지면 불에서 내린다. 용도에 따라 소금을 더해 간을 맞춘다.

재료 약 두 컵 분량

마늘 두 쪽
양파 1개 반
완숙 토마토 6개
월계수 잎 2개

Tips

1) 토마토소스를 만들 때의 포인트는 신맛은 줄이고 단맛을 살리는 것. 토마토가 가진 신맛을 줄일 수 있게끔 중불 이하에서 뚜껑을 살짝 연 채 천천히 졸이고, 양파를 천천히 볶아 단맛과 감칠맛을 살린다.
2) 소스의 간이 지나치게 강하면 여러 요리에 활용하기 어려우니, 소금 간을 하지 않거나 약하게 해둔다.
3) 밀폐용기에 넣어 냉동하면 2개월 정도 장기 보관할 수 있다.

두부 마요네즈

달걀 대신 두부를 사용하고 시판 마요네즈보다 기름을 줄였지만, 고소한 맛은 줄이지 않은 마요네즈입니다. 단, 기름을 적게 사용한 만큼 오래 보관할 수 없으니, 두부의 유통기한을 넘기지 않게끔 한번 만들 때 소량만 만들도록 합니다. 취향에 따라 참깨, 다진 마늘, 생강을 넣어가며 다양한 마요네즈를 만드는 것도 좋습니다.

만드는 과정

1. 소금을 조금 섞은 물을 끓여 두부를 데친다. 두부가 안쪽까지 따끈해질 정도로 데친 뒤, 체에 밭쳐 식힌다. 체온 정도로 식으면 손으로 고슬고슬하게 펼쳐 자연스럽게 물기를 빼둔다.

2. 모든 재료를 블렌더에 넣고 부드럽게 간다.

재료 반 컵 정도

두부 1/4모
기름 1큰술
현미식초 1/2작은술
소금 1/2작은술
레몬즙 1/2작은술

Tips

1) 향이 강하지 않은 식물성 기름을 사용한다. 기름을 선택하는 기준은 210쪽을 참고한다.
2) 레몬즙 대신 레몬소금(217쪽)을 사용해도 좋다.

타코라이스

'타코라이스'라는 음식을 들어본 적 있나요? 멕시칸풍 요리인 타코의 재료를 흰밥 위에 올린, 일본 오키나와의 퓨전 요리입니다. 토마토소스, 향신료와 함께 졸인 간 고기와 양상추, 토마토, 마요네즈를 기본 재료로 사용하고, 경우에 따라 치즈, 아보카도, 나초칩을 더하기도 하죠. 다양한 재료가 필요하고 복잡해 보이는 타코라이스도 수제 마크로비오틱 소스를 응용하면 순식간에 만들 수 있답니다. 강렬한 태양이 내리쬐는 여름날을 떠올릴 수 있는 한 그릇 식사입니다.

만드는 과정

1. 표고 토마토소스를 만든다. 불린 표고버섯의 기둥과 머리를 새끼손톱 반 개 크기로 다진다. 냄비를 중불로 달구고 기름을 소량 둘러 다진 표고버섯을 볶는다. 표고버섯이 꼬들꼬들해지면 토마토소스와 물, 된장을 넣고 중불에서 졸인다. 수분이 줄고 꾸덕해지면 큐민 파우더와 코리앤더 파우더를 더하고 잘 섞고 불에서 내린다.

2. 토마토 살사를 만든다. 토마토를 1cm 폭으로 깍둑 썰고 다진 양파와 나머지 재료를 넣고 잘 섞어둔다.

3. 감자와 애호박을 1cm 폭으로 깍둑 썬다. 기름을 두르고 210℃로 예열한 오븐에서 10분 굽는다.

4. 쌈 양상추를 채 썰고 고수는 손가락 한 마디 길이로 썬다.

5. 현미밥을 그릇에 담고 1의 표고 토마토소스를 밥 위에 잘 펼쳐 얹는다. 표고 토마토소스 위에 구운 감자와 애호박, 토마토소스를 올린다. 테두리에 채 썬 양상추와 고수를 올린다. 두부 마요네즈를 짤주머니로 짜 올려 완성한다.

재료 3인분

현미밥 세 공기
쌈 양상추 3장
고수 적당량
두부 마요네즈 적당량
감자 1개
애호박 10cm

표고 토마토 소스
불린 표고버섯 또는 채수를 내고 남은 표고버섯 3개
토마토소스(221쪽 참고) 1/2컵
된장 1.5작은술
물 1/2컵
큐민파우더 1작은술
코리앤더파우더 0.5작은술

토마토 살사
토마토 1개 반
다진 양파 3큰술
레몬즙 1.5작은술
올리브유 2작은술
국간장 1.5작은술
취향에 따라 **청양고추** 0.5작은술

감자샐러드

6월 중순이 지나면 햇감자를 수확하는 농가가 부쩍 늘어납니다. 다양한 품종의 감자를 맛보고 싶은 마음에 이곳저곳의 감자를 사들이니, 이맘때면 감자 상자에 감자가 끊이질 않습니다. 이렇게 주방에 감자가 쌓이면 빼놓지 않고 만드는 것이 감자샐러드입니다. 포슬포슬하게 찐 감자에 마요네즈를 더해 잘 으깨고 아삭한 채소를 더한 이 음식은 빵 사이에 끼워 먹어도 맛있고, 간단한 맥주 안주로도 훌륭하죠. 직접 감자샐러드를 만들어보면 생각보다 마요네즈를 듬뿍 넣어야 해 주저하곤 하지만, 기름의 양을 줄인 두부 마요네즈로 만든다면 몸에게 미안한 마음을 조금은 내려놓을 수 있습니다.

그저 으깬 감자에 마요네즈와 채소를 더할 뿐이라 생각할 수도 있지만, 약간의 요령으로 맛에는 큰 차이가 생깁니다. 무엇보다도 감자를 맛있게 찌는 것이 중요합니다. 젓가락으로 찔러보아 감자가 부드럽게 익었더라도 바로 건져내지 말고, 불을

약불로 낮춰 수분을 바짝 날려줍니다. 여분의 수분을 날릴 수 있어, 감자의 맛을 더 진하게 느낄 수 있고, 식감도 더 포슬포슬해집니다.

만드는 과정

1. 오이를 가늘게 슬라이스하고, 당근은 반달모양으로 가늘게 슬라이스해, 소금 두세 꼬집을 버무린다. 자색양파는 결과 반대 방향으로 가늘게 슬라이스하고 소금을 한두 꼬집 버무려둔다. 수분이 올라오면 매운 맛이 빠지게끔 차가운 물을 부어 둔다. 초당옥수수는 알알이 떼어 김이 오른 찜기에 쪄둔다.

2. 감자를 찐다. 깨끗하게 씻은 감자를 냄비에 넣고 감자가 잠길 양의 물을 부어 뚜껑을 덮고 중불에 끓인다. 젓가락으로 찔러보아 부드럽게 들어가면 냄비 바닥에서 물을 1cm 정도만 남기고 버린다. 다시 뚜껑을 덮고 약불에서 뜸을 들여 남은 수분을 바싹 날린다.

3. 잘 익은 감자의 껍질을 벗기고 뜨거울 때 두부 마요네즈를 넣고 으깬다. 취향에 따라 현미식초와 소금을 더해가며 간을 맞춘다. 부드럽게 으깨지면 1의 초당옥수수와 물기를 짠 1의 오이, 당근, 자색양파를 넣고 주걱으로 조심스럽게 버무린다. 그릇에 담고 취향에 따라 후추와 올리브유를 더해 마무리한다.

재료 약 4인분

감자 큰 것 두 개
두부 마요네즈 6큰술(224쪽 참고)
소금 1/2작은술
현미식초 1/2작은술
오이 1/3개
초당옥수수 1/4개
당근 1/6개
자색 양파 슬라이스 네다섯 쪽

Tips

1) 감자가 뜨거울 때 으깬다. 마요네즈, 현미식초, 소금을 넣어야 맛이 부드럽게 어우러지고, 으깨기 쉽다.

2) 서로 다른 온도의 재료를 섞어 만드는 요리인 만큼 실온에 두면 상하기 쉽다. 한 김 식으면 바로 냉장보관한다.

감미료와 멀어지기

저의 요리에 좀처럼 등장하지 않는 재료를 한 가지 더 꼽자면 그것은 감미료입니다. 디저트를 만들 때를 제외하면, 백설탕은 물론 꿀, 조청, 메이플 시럽과 같은 천연감미료도 사용하지 않습니다.

한껏 집중해서 일을 하고 오후 서너 시쯤이 되면 쿠키와 커피가 그리워집니다. 이른바 '당 충전'을 하고 싶은 시간입니다. 달콤한 쿠키를 베어 물면 잔뜩 힘이 들어가 있던 어깨도 나른해지고, 미간에 주름이 잡혀 화가 나 보이던 얼굴에도 평화가 돌아옵니다. 달콤한 디저트의 주재료인 감미료는 순식간에 긴장을 풀어주고, 몸을 이완시켜주는 음의 에너지를 아주 강하게 갖고 있습니다. 그러니 스트레스를 받을 때 달콤한 음식이 그리워지는 것은 자연스러운 이치이기도 합니다.

문제는 현대인이 감미료의 유혹에 지나치게 노출되어 있다는 점입니다. 현대인의 당 충전은 오후에 즐기는 쿠키 한두 쪽으로 끝나지 않습니다. 식사용으로 즐기는 음식에도 매콤함과 짭짤함 뒤에 달콤함이 숨어 있습니다. 떡볶이나 불고기는 물론이고, 김치를 만들 때마저 당류를 사용하고 있습니다. 설탕 대신 매실청과 같은 과일청을 사용하기도 하지만 이마저도 원재료의 반은 설탕입니다. 게다가 콜라, 주스 등의 음료를 곁들이거나, 식후 입가심으로 시럽을 넣은 커피를 챙기는 경우도 적지 않습니다. 아침식사 대표 메뉴로 자리 잡은 빵에도 잼을 곁들여 먹고, 시리얼, 그래놀라 역시 달콤합니다. 이렇게 습관적으로 감미료를 섭취한다면 사람의 몸은 음성으로 치우칠 수밖에 없습니다. 체질이 과하게 음성으로 치우치면 체온이 낮아지기도 쉽고, 기분이 좋을 정도를 넘고 지나치게 이완되어 무기력해지기도 쉽습니다.

그렇다면, 밖에서 사 먹는 음식에서 감미료는 충분히 많이 섭취하고 있으니, 집에서 직접 음식을 만들 때만큼은 감미료와 이별하는 것은 어떨까요? 달콤한 맛이 부족할까 겁이 나겠지만, 채소는 그 존재만으로도 충분히 달콤합니다. 우엉을 약불에 볶거나, 양파를 볶아 간장에 살짝 졸이는 것만으로도 주방에 달콤한 향기가 가득해, 요리를 하는 나마저 놀랄 때도 있습니다.

달콤함에 입맛이 길들여져 있어 감미료와 이별하는 데 시간이 필요하다면, 우선 찬장에서 설탕, 올리고당, 인공감미료부터 없애 봅니다. 그 대신 조청, 메이플 시럽과 같은 천연재료로 자연스럽게 만든 감미료나 100% 사과주스, 과일 등을 사용하며 감미료와 이별할 시간을 가지는 것도 좋습니다.

오늘부터 시작하는
재료 본연의 달콤함을 만끽하는 요리

참외 토마토 살사와 감자 크로켓

첨가물, 감미료가 듬뿍 들어간 만큼, 저에게 토마토케첩은 좀처럼 손이 가지 않는 음식입니다. 하지만 다른 음식은 몰라도, 튀긴 감자 요리를 먹을 때면 토마토케첩 생각이 날 때가 있습니다. 학창 시절, 패스트푸드 가게에서 기름진 감자튀김을 새콤달콤한 케첩에 푹 찍어 먹으며 친구들과 수다를 떨던 시간은 꽤나 기억에 남는 즐거움이었나 봅니다.

케첩이 있어야만 새콤달콤한 맛을 만들어내는 건 아닙니다. 참외로 단맛을 내고 토마토로 상큼한 맛을 내면 감미료와 자극적인 재료가 없어도 상큼하고 달콤한 맛을 낼 수 있습니다. 여기에 민트, 바질과 같은 허브를 곁들이는 것도 좋습니다. 튀긴 음식에 곁들이면 케첩을 대신할 소스로 사용할 수 있고, 올리브유와 다진 마늘을 더해, 작게 자른 바게트 위에 얹으면 와인 안주로도 훌륭합니다.

만드는 과정

감자 크로켓

1 당근과 양파는 새끼손톱 반 개 정도 크기로 깍둑 썰고 감자는 0.5cm 정도 두께로 슬라이스 해둔다. 당근, 양파, 감자 각각에 소금 한두 꼬집을 뿌려 수분이 올라오도록 5분 정도 기다린다.

2 바닥이 두꺼운 냄비에 아래부터 양파, 감자, 당근 순서로 넣고 뚜껑을 덮고 아주 약한 불에서 감자가 부드러워질 때까지 약 20분 정도 익힌다. 바닥이 얇은 냄비라면 소량의 물을 붓고 익혀도 좋다.

3 2의 채소가 모두 부드럽게 익으면 소금으로 간을 하고 포크 등으로 부드럽게 으깬다.

4 3을 탁구공 크기로 빚어 얇게 통밀가루 옷을 입힌다.

5 남은 통밀가루에 물을 섞어 묽은 반죽을 만든다. 4를 5에 담가, 밀가루물 옷을 입힌다. 이후 빵가루도 입힌다.

6 5를 180°c 정도에서 노릇하게 튀기고 건져 기름을 빼둔다.

참외 살사
애플민트 이외의 모든 재료를 0.5cm 폭으로 깍둑 썰고 국간장을 더해 섞는다. 식탁에 내기 직전에 애플민트 잎을 섞어 완성한다.

재료 약 3인분
(크로켓 9개)

감자 크로켓
감자 2개
양파 1/2개
당근 1/4개
소금 1/4작은술
통밀가루 반 컵~한 컵
물 적당량
빵가루 반 컵~한 컵

참외 살사
양파 1/4개
참외 1/4개
토마토 1/2개
국간장 1/2작은술
애플민트 반 줄기

뿌리채소 조림과 병아리콩 딥 또띠아 랩

우엉, 연근, 당근을 껍질째 채 썰어 만든 뿌리채소 조림(45쪽)은 소량의 식용유와 물, 간장만으로 만들지만 뿌리채소 본연의 은은한 단맛을 즐길 수 있는 요리입니다. 그 덕에, 밑반찬으로 즐기다가 슬슬 질릴 법해지면 김밥이나 다른 요리의 고명으로도 응용하곤 합니다. 다른 조미료를 더하지 않아도 짭짤함과 달콤함을 동시에 즐길 수 있죠. 그러니 뿌리채소가 맛있는 철이면 뿌리채소 조림이 동나기가 무섭게 몇 번이고 새로 만들기도 합니다. 좋아하는 조합은 뿌리채소 조림을 넣고 만든 볶음밥과 각종 채소, 소스를 말아 만든 또띠아 랩입니다. 취향에 따라 고춧가루나 청양고추를 더해 매콤하게 만드는 것도 어울립니다.

만드는 과정

1. 무를 가늘게 채 썰어 소금 한두 꼬집을 버무려둔다. 수분이 올라오면 가볍게 짜낸다.

2. 하룻밤 불려둔 병아리콩을 병아리콩이 잠길 정도 양의 물, 양파, 월계수 잎을 넣고 20분 정도 끓여 부드럽게 익힌다.

3. 병아리콩 딥을 만든다. 익힌 병아리콩, 병아리콩과 함께 익힌 양파, 곱게 간 참깨, 마요네즈, 소금, 식초를 간다. 취향에 따라 병아리콩 삶은 물을 더해 농도를 맞춘다.

4. 기름을 두른 팬에 슬라이스한 마늘과 현미밥, 뿌리채소 조림을 볶아 볶음밥을 만든다.

5. 통밀 또띠아에 한입 크기로 찢은 양상추를 깔고, 뿌리채소 볶음밥, 채 썰어둔 무, 병아리콩 딥과 다진 파슬리 적당량을 넣고 단단하게 만다.

6. 달궈서 기름 소량을 두른 팬에 5의 집은 면이 아래를 향하도록 놓고 굽는다. 취향에 따라 후추를 뿌려 마무리한다.

재료 3인분

통밀 또띠아 3장
밥 한 공기
뿌리채소 조림 반 공기
마늘 3쪽
양상추 두세 장
무 1cm
파슬리 적당량

병아리콩 딥

병아리콩 50g
물 한 컵~한 컵 반
양파 1cm
월계수 잎 반 장
두부 마요네즈 반 큰술
(224쪽 참고)
참깨 반 큰술
소금 반 작은술
현미식초 반 작은술

무말랭이 조림

재료도 만드는 과정도 간단한 밑반찬인데, 요리 수업에서 이 요리를 하면 다들 입을 모아 무말랭이의 새로운 모습을 발견했다며 놀라워합니다. 약불에 달군 냄비에 무말랭이를 가볍게 볶은 뒤 조리하면 무 특유의 아린 냄새는 사라지고 달큰하면서도 진한 향을 살릴 수 있습니다. 이렇게 만든 무말랭이 조림은 밑반찬으로도 좋고, 김밥의 속재료로도 잘 어울립니다.

만드는 과정

1 물에 담가 불리면 무말랭이 본연의 맛이 물에 빠져나가니, 무말랭이를 물에 씻어 체에 밭쳐 말랑해질 때까지 15~20분 정도 둔다.

2 유부를 끓는 물에 3~5분 정도 삶고, 건져내 마른 천으로 물기를 제거해둔다. 한 김 식으면 채 썰어 준비한다.

3 약불로 달군 냄비에 기름을 소량 두르고 무말랭이를 볶는다. 무말랭이 특유의 아린 냄새가 날아갈 때까지 약불에서 저어가며 볶는다. 무말랭이 향이 날아가면 채 썬 유부를 볶은 뒤 물을 붓고 끓인다.

4 물이 끓기 시작하면 불을 약하게 낮춘 뒤 뚜껑을 덮어 끓인다. 5~10분 정도 지난 뒤 무말랭이를 하나 맛보고 무말랭이가 부드러워져 있으면 간장을 붓고 뚜껑을 덮어 수분이 완전히 졸아들 때까지 끓인다.

재료 8~9인분 분량

무말랭이 50g(밥 공기에 가득 채운 정도)
유부 작은 것 8장
물 두 컵
간장 2큰술

Tips

간장은 무말랭이가 충분히 부드러워진 뒤 넣는다. 무말랭이가 부드러워지기 전에 간장을 넣으면 완성된 뒤에도 질긴 식감이 남는다.

평생 습관이 되어줄
마크로비오틱 식사법

평생 습관을 만들어줄 첫 발걸음

1   일단 주방에 서자

"요가는 99%의 수련과 1%의 이론이다."

세계적인 요가 지도자 파타비 조이스가 즐겨 사용하는 표현입니다. 이 표현에서 '요가'를 '마크로비오틱'으로 대체하기만 하면 제가 하고 싶은 말이 됩니다. 마크로비오틱 역시 99%의 실천과 1%의 이론으로 이루어져 있습니다. 이론이 중요하지 않다는 것이 아니라, 생활 속에서 실천하지 않으면 이론을 알아보았자 무용지물이라는 뜻입니다. 그러니 마크로비오틱을 삶에 들여오고 싶다면 우선 식생활을 바꾸어야 합니다. 그리고 이 변화를 만드는데 가장 효과적인 방법은 외식과 배달 음식, 가공식품을 줄이고 직접 주방에 서는 것입니다.

마크로비오틱 요리를 먹을 수 있는 음식점은 없는지 묻는 분들도 많습니다. 흔히들 버리고 있던 부분도 사용해 요리하고, 제철 친환경 식재료를 사용하며, 첨가물이 들어간 시판 소스는 사용하지 않는 채식 음식점. 과연 있을까요? 안타깝게도 지금 국내에서는 찾아보기 힘듭니다. 약 1년 정도 직접 마크로비오틱 음식점을 운영해본 적이 있습니다. 친환경 국내산 재료를 사용하는 만큼 가만히 있어도 원가 비율이 높은 마당에, 계절에 따라 메뉴를 곧잘 바꾸니, 재료 구입처를 일원화하거나 구매 단위를 늘릴 수도 없어 원가 절감은 저에게 다른 세상 이야기였습니다. 게다가 업소

용으로 판매되는 미리 손질된 채소나 반조리 식품을 쓰지 않고 내가 직접 손질하고 요리해야 하니 그만큼 인건비도 더 드는 셈이었습니다. 실험적으로 운영해본 식당이었기에 큰 수익을 기대하지 않았고, 일부러 찾아와 주는 손님들이 있었기에 평생 잊을 수 없는 경험을 했지만, 냉정하게 생각하면 비즈니스로서는 성립하지 않는 식당이었습니다. 그 덕분에 다른 음식점의 두세 배 이상의 가격을 지불할 것이 아니라면, 마크로비오틱 음식점의 등장을 기대하는 것은 식당 경영자에게는 가혹한 일이라는 사실도 몸소 깨달았습니다.

외식으로는 마크로비오틱을 실천할 수 없다니. 누군가에게는 가혹한 현실일 수도 있습니다. 하지만, 바꾸어 생각하면 어떨까요. 다른 준비를 할 필요 없이 외식을 줄이고 조금씩 직접 요리할 시간을 만들기만 하면 일단 자신의 삶에 작은 마크로비오틱의 싹이 트기 시작하는 것입니다.

요리를 하기에 앞서, 도구를 새로 장만하거나 대단한 것을 준비해야 한다고 생각하기도 하는데, 이제 막 요리를 시작해보려는 사람들에게 내가 권하는 것은 그리 대단하지 않습니다.

첫째로 칼을 갈아보았으면 합니다. 관리한 지 오래된 칼로 재료를 손질하면 마음먹은 만큼 시원하게 칼질이 되지 않아 스트레스가 쌓이고 자꾸만 자신의 솜씨를 탓하게 됩니다. 오래 전 산 칼을 한번 갈아보면 새 칼을 장만한 것처럼 칼질이 활기차져 재료를 손질할 때부터 요리를 할 맛이 납니다. 숫돌에 가는 것이 어렵게 느껴진다면 간편하게 칼을 갈 수 있는 저렴한 도구를 사용해보는 것도 좋습니다.

두 번째는 눈에 보이는 공간만이라도 좋으니 주방을 한번 정리해, 스스로 편하게 요리할 수 있을 정도의 공간을 확보해보라는 것입니다. 지인의 집을 방문하거나 방송에서 연예인의 집을 비춰줄 때면 자연스럽게 주방에 눈이 가는데, 믹서기, 커피포트, 에어프라이어 등 다양한 가전제품과 조리 보조도구로 가득해 정작 도마와 칼을 눕힐 공간도 없을 정도로 좁은 주방이 많습니다. 주방은 칼과 불을 사용하는 공간인 만큼, 조리를 할 때 몸의 움직임이 불편하면 신경이 날카로워질 수밖에 없습니다. 사용하지 않는 도구는 과감하게 찬장으로 집어넣고, 자신의 동선에 불편함이 없게끔 주방을 정리하면 조리과정에서 쌓이는 스트레스도 줄고, 뒷정리도 편해집니다. 주방을 더 청결하게 유지할 수 있다는 덤도 있습니다.

2 조금씩 천천히 꾸준히

요리 수업을 하고 함께 식사를 하다 보면 자연스럽게 평소의 식생활에 대해서도 이야기를 나누게 되는데, 수업에 온 지 얼마 지나지 않은 신참 수강생들은, 양 눈썹 끝을 아래로 축 떨구고 그동안의 식생활을 반성하곤 합니다. 바쁘다는 핑계로 외식을 하거나 배달 음식을 시켜 먹기 일쑤며, 주방일과는 거리가 멀다며 스스로를 탓하는 것입니다. 배달 음식을 먹고 외식을 하는 것은 그동안의 삶에서 먹거리가 차지하는 우선순위가 높지 않았고, 요령이 부족해 생긴 일이었을 뿐, 잘못은 아닙니다. 스스로의 삶에서 식생활의 우선순위를 높인다면, 누구든 얼마든지 마크로비오틱을 삶에 들여

올 수 있습니다.

마크로비오틱은 식사법을 조금 바꾸는 것만으로도 시작할 수 있으니, 책을 펼친 오늘부터 바로 시도해볼 수 있습니다. 그만큼 당장 채소용 솥을 사고 제철 채소로 밥상을 차릴 생각에 엉덩이가 들썩일 수도 있습니다. 또는 오늘부터 채식을 하겠다고 다짐한 우등생도 있을 수 있습니다. 하지만 하루아침에 생활 습관을 바꾸기보다는, 작은 것부터 시작해 조금씩 천천히 꾸준히 생활을 바꾸기를 권하고 싶습니다.

식생활은 수십 년간 내 몸에 딱지가 앉듯 자리 잡은 습관이기 때문에, 그리 쉽게 바뀌지 않습니다. 단기간의 극단적인 식생활로 체중 감량에 성공하더라도, 이내 평소의 식습관으로 돌아가 요요를 반복하는 것과도 같은 이치입니다. 이 때문에 간혹 의욕이 넘쳐 그날 배운 요리를 한 번에 다 복습했다는 수강생이 있거든, 다음부터는 한 끼에 한두 개 정도만 복습하기를 권하며, 그들이 지치지 않을 수 있도록 고삐를 잡아주려 하는 편입니다. 처음부터 풀마라톤을 시도했다가는 두 번 다시 달릴 생각을 하지 않을 수도 있습니다. 하지만, 하루 30분 달리기부터 시작해 조금씩 운동의 강도를 높이다 보면 조금 더 먼 거리를, 더 오래 달릴 수 있게 됩니다. 남들보다 조금 느리거나 달리는 모습이 우스꽝스러운 것 같아도, 누군가와 비교하거나 완벽을 추구할 필요는 없습니다. 목표는 자신의 식생활과 삶의 방식을 바꾸는 것이니, 스스로 꾸준히 실천할 수 있게끔 자신에게 맞는 속도와 방법으로 달리면 됩니다.

건강을 위해 한 발짝 더

마크로비오틱을 실천해본 분들의 경험담을 적지 않게 듣는데, 전혀 다른 두 가지 의견이 들려올 때가 있어, 내심 흥미롭습니다. 마크로비오틱에는 반드시 지켜야 할 원칙이 없어 부담 없이 실천할 수 있었다고 이야기하는 분들이 있는가 하면, 권장하는 것들이 너무 많아 따라할 수가 없었다고 이야기하는 분들도 있습니다. 확실히 어디까지 지키고 어디까지 눈감아도 될지 판단하기가 어려울 법도 합니다.

마크로비오틱은 친환경 식생활이자 건강식입니다. 친환경 식생활로서의 마크로비오틱에 초점을 둔다면, 자신이 실천할 수 있는 것부터 조금씩 천천히 꾸준히 삶의 방식을 바꾸어나가는 것도 좋습니다. 한편, 건강식으로서의 마크로비오틱에 초점을 둔다면, 자신의 건강상태를 기준으로 판단합니다. 당장 개선하고 싶은 질환은 없지만, 기존의 식생활을 조금 더 건강하게 바꾸어보고 싶다면, 앞서 소개한 요리법들을 조금씩 실천해나가는 것으로도 충분합니다. 한편, 이미 고민이 되는 질환이 있다면, 다소 힘이 들더라도 지금까지 권장한 것들을 가급적 지키는 것이 좋습니다. 이렇게 본인의 건강상태에 따라 마크로비오틱을 얼마나 실천할지가 달라지기 때문에 저는 쉽게 예방을 위한 마크로비오틱(전자)과 개선을 위한 마크로비오틱(후자) 이라는 단어를 사용하고 있습니다. 개선을 위한 마크로비오틱을 실천하고 싶다면, 앞서 소개한 요리법들과 더불어 앞으로 소개할 몇 가지 식사법도 권하고 싶습니다. 지금까지 즐겨 먹었던 것들과 멀어져야 하고, 오랫동안 익숙해져 있을 식사법도 바꿔야 하기 때문에 처음에는 힘들 수도 있습니다. 때문에 개선을 위한 마크로비오틱에는 더 많은 각오와 노력, 용기가 필요하지만, 한층 더 식생활을 건강하게 바꿀 수 있습니다.

1 더하기보다 빼기

건강에 관심이 있는 분들이 자주 하는 질문이 있습니다. 바로 '앞으로 뭘 먹는 것이 좋을까요?'라는 질문입니다. 인터넷 포털 사이트를 들여다보아도, 매일같이 건강 보조식품과 몸에 좋다는 음식에 대한 정보가 쏟아져 나오니 무엇을 먹어야 할지 고민이 될 법도 합니다. 이 질문에 대한 제 답은 '제철 음식'도 '현미밥'도 아닙니다. 마크로비오틱을 일상에 들여오고 싶다면 무엇을 더 먹을지보다 무엇을 내 삶에서 비워낼지를 정하는 것이 앞서야 합니다. 지금의 우리 사회에는 못 먹어서 생기는 병보다 지나치게 먹어서 생기는 병이 많습니다. 몸에 좋다는 건강보조식품이나 슈퍼푸드를 챙겨 먹어도, 내 몸에 필요하지 않은 음식을 습관적으로 먹고 있다면, 밑 빠진 독에 물을 붓는 격입니다.

하지만 습관은 내 몸과 생활에 깊이 뿌리내려 있는 만큼 고치기도 어렵습니다. 특히 식습관의 경우, '오늘 하루쯤은 괜찮아', '내일 아침에 굶으면 괜찮아'와 같은 자기 합리화의 과정을 반복하며 나도 모르게 생활 속에 굳어버린 것들이 많습니다. 내 컨디션은 다른 사람이 챙겨주지 않습니다. 내 몸과 마음에 관심을 갖고 스스로의 식습관을 차근차근 바라보는 것부터 시작해봅니다. 마크로비오틱 요리법을 다시 떠올려보면, 습관적으로 먹고 있던 것들 중에서 내 삶에서 멀어질 음식들이 하나둘씩 보입니다.

생명력이 없는 음식(정백 탄수화물, 첨가물)

많은 이들이 주식으로 즐겨 먹는 흰쌀과 흰밀은 껍질을 벗겨내, 생명력을 잃은 음식입니다. 껍질을 벗겨내고 여러 번의 정제 과정을 거친 흰 설탕도 마찬가지입니다. 주식으로 껍질을 벗겨내고 생명력을 잃은 흰쌀, 흰밀로 만든 음식을 먹고 있었다면 이부터 현미밥으로 바꿔봅니다. 밥은 우리 식단의 반 이상을 차지하는 만큼, 주식을 바꾸는 것만으로도 마크로비오틱은 성큼 우리 삶에 들어와 있습니다.

산과 들, 강과 바다가 아닌 실험실에서 태어난 음식도 생명력이 없는 음식입니다. 실험실에서 태어난 화학 첨가물, 인공 감미료를 더해 만든 가공식품, 조미료, 간편식도 멀리해보려 노력합니다.

철에 맞지 않는 음식

한편, 아무리 우리 땅에서 나고 자란 제철 재료를 식탁에 더해도, 습관적으로 철에 맞지 않는 음식도 먹고 산다면, 편안한 몸 상태를 유지하기 어렵습니다. 식사를 간단하게 해결하고 싶어 하는 사람들이 계절과 무관하게 생채소 샐러드, 토마토, 고구마, 바나나 등으로 식사를 대신하는 경우가 눈에 듭니다. 덥지 않은 계절에 이런 음성의 식사를 즐긴다면 몸을 따뜻하게 유지하기 어렵습니다. 미리 시간을 내어 밥과 제철 채소로 국을 만들어두고 아침에 데워 먹는 습관을 들이면 바쁜 아침에도 손이 가지 않는 식사를 할 수 있으면서도 몸을 차지 않게 유지할 수 있습니다. 눌은밥에 물을 붓고 끓이기만 하면 만들 수 있는 누룽지도 좋은 선택지입니다.

그 밖의 기호식품

이 밖에도 내 몸에 필요하지 않은 것들을 습관적으로 먹고 있던 것은 아닌지 곰곰이 생각해보면, 삶에서 멀어질 것들이 보입니다. 많은 사람들이 습관적으로 즐기고 있는 커피는, 우리나라보다 더운 지역에서 수확하는 작물이 원재료인 만큼, 몸을 차게 하는 강한 음성의 음식이니, 몸이 차거나 기력이 없는 사람은 줄이는 것이 바람직합니다. 오후 서너 시쯤 당 충전을 하겠다며, 습관적으로 달콤한 디저트를 즐기고 있었다면, 감미료 역시 몸을 차게 하고 이완시키는 강한 음성의 음식이니 과감하게 줄여봅니다. 반대로 '저탄고지' 식단을 하겠다며 밥을 줄이고 고기를 포함한 동물성 단백질을 섭취하고 있었다면, 이는 몸에 열기를 주고 수축시키는 강한 양성의 음식입니다. 따라서 몸에 열이 많거나 쉽게 긴장되고 화가 많은 사람은 동물성 식품을 줄이는 것이 바람직합니다. 고혈압, 고지혈증 등 체내가 수축되며 생기는 질환을 갖고 있는 분들도 이런 양성의 식생활은 개선하는 것이 좋습니다.

2 적게 만들고, 적게 먹기

유기농 국내산 제철 식재료와 첨가물 없이 전통제법으로 만든 조미료. 이처럼 좋은 재료들로 밥상을 차리더라도 배가 뽈록 올라올 정도로 먹어서는 무용지물입니다. 내 몸의 소화 능력을 넘어설 정도로 섭취한 음식은 소화시키는 데에도 에너지가 소모될 뿐만 아니라, 제대로 소화가 되는 것도 아닙니다. 게다가, 제대로 소화가 되지 못한 음식은 노폐물이 되어 몸 안에 쌓입니다. 건강한 식생활을 지향한다면 건강에 좋다는 음식으로 몸을 채울 생각에서 벗어나, 내 몸에 꼭 필요한 음식을 필요한 정도만 섭취하는 식생활로 바꾸는 것이 좋습니다. 먹는 양이 적으니 많이 만들 필요도 없어, 주방일도 심플해집니다.

외식을 할 수밖에 없을 때에는 주문을 할 때부터 적게 달라고 부탁드리는 것도 좋습니다. 같은 가격을 지불하고 많은 양을 받았더라도, 하루 종일 뱃속이 더부룩한 시간을 보낸 식사는 만족스러웠다고 기억되지 않습니다. 한편, 음식의 양이 적더라도 먹을 만큼의 양을 천천히 씹어가며 음식의 맛과 여유를 즐기는 식사는 다시 즐기고 싶은 시간으로 기억됩니다. 식사에 대한 만족도는 음식의 양과 비례하지 않습니다.

저 역시 배불리 먹고는 곧바로 소파에 드러누워 배를 통통 두들기며 TV를 보는 습관이 있었지만, 배의 80% 정도가 찼을 즈음에 수저를 내려놓으려 노력합니다. 간혹 배불리 먹은 날에는 요가나 산책을 하는 등, 조금이라도 몸을 움직여 소화를 시킨 뒤 잠자리에 들려고 노력하고 있습니다.

3 꼭꼭 씹어 먹기

TV 생활 정보 프로그램을 틀어놓으면 건강에 대한 각종 정보를

접할 수 있습니다. 특정 영양소나 음식에 대한 정보도 있는가 하면, 먹는 방식에 대한 정보도 적지 않습니다. 음식을 어떤 순서로 먹는 것이 좋은지, 식사 중에 물을 마시는 것이 좋은지 아닌지, 식사 간격은 어떻게 두는 것이 좋은지 등, 정보가 다양하고 많은데, 이 내용을 듣다 보면 식사법을 송두리째 바꿔야만 할 것 같은 마음이 듭니다.

　마크로비오틱을 실천할 때만큼은 식사 중 많은 것을 신경 쓸 필요는 없습니다. 식사 중 노력할 점을 하나만 고르자면, 바로 '꼭꼭 씹어 먹기'입니다. 음식이 입안에서 죽처럼 될 정도로 오랫동안 꼭꼭 씹은 뒤에 넘기는 식습관이 생기면 한 번에 적어도 세 가지 효과를 누릴 수 있습니다.

　첫째로, 소화에 도움이 됩니다. 많은 사람들이 위장에서부터 소화가 시작한다고 생각하지만, 탄수화물은 침과 반응하며 입에서부터 소화가 시작됩니다. 음식을 꼭꼭 씹어 먹으며 침과 음식을 충분히 반응시킬수록 소화가 촉진되어 다음 소화기관인 위와 장의 부담을 덜어줄 수 있습니다. 반대로 충분히 씹지 않고 삼킨 음식은 위장에 부담을 주며 소화불량을 일으키거나 노폐물이 되어 몸에 쌓이게 됩니다.

　둘째로, 음식의 참맛을 느낄 수 있습니다. 갈수록 입에 넣자마자 맛을 느낄 수 있을 정도로 자극적인 음식이 늘어나고 있는 듯해 내심 아쉽습니다. 화학조미료, 인공감미료로 맛을 낸 가공식품에 익숙해진 식생활이 이런 결과를 불러온 것이 아닐까 싶습니다. 식탁도 단조로워집니다. 배달 음식이나 가공식품을 즐겨 먹는 먹방 크리에이터들의 영상을 보면, 영상마다 다른 메뉴를 먹어도, 대부분 뻘겋거나 간장 또는 짜장 양념으로 거뭇거뭇하니 늘 같은 음식을 먹는 것처럼 보입니다.

    자연을 담은 재료에는 고유의 생명력과 각자의 개성 넘치는 맛이 있습니다. 풀내음만 날 것 같아 보이는 시금치도 뿌리에는 달콤함이 숨어 있고, 무에는 구수함이, 버섯에는 감칠맛이 있습니다. 아무 맛도 나지 않을 것 같은 현미마저도 불리지 않고 갓 지으면, 그저 밥일 뿐인데도 주걱에 붙은 밥알까지도 주섬주섬 떼어 먹게 하는 풍미를 가졌습니다. 다들 짙은 양념으로 덮기에는 너무나 아쉬운 맛입니다. 재료 본연의 맛을 살려줄 정도의 양념만을 사용하고, 입안에서 오랫동안 꼭꼭 씹으면 자연이 준 선물과도 같은 음식의 참맛을 제대로 즐길 수 있습니다. 이렇게 재료 본연의 맛을 즐길 줄 알게 되면, 가공식품의 유혹을 억지로 참는 것이 아니라, 알아서 멀리하게 되는 입맛으로 바뀝니다.

    마지막으로, 천천히 음식을 꼭꼭 씹어 먹으면 포만감을 확인하며 식사할 수 있으니, 과식을 예방하는 데에도 도움이 됩니다.

    시간에 쫓기며 살다 보면 좀처럼 느긋하게 식사를 할 시간이 없습니다. 아침에는 하루를 시작할 준비에 정신이 없고, 점심에는 딱 한 시간 주어진 식사시간에 식사와 후식, 휴식도 해결해야 하니, 많은 사람들이 음식을 제대로 씹지도 않고 급하게 먹는 식습관을 갖게 된 건 아닐까 싶습니다. 저녁만이라도, 또는 주말만이라도 간혹 느긋하게 식사를 할 기회가 온다면 이때만큼은 꼭꼭 씹어가며 천천히 식사를 하며 한동안 잊고 지내던 여유를 되찾았으면 하는 마음입니다.

BONUS
자연과 가까워지는 주방생활

일본의 마크로비오틱 쿠킹스쿨 리마는 이름 그대로 마크로비오틱 요리를 배울 수 있는 곳이지만, 저에게는 요리를 배운 곳이기보다는 자연과 조화롭게 살아간다는 것이 어떤 것인지를 알게 된 곳입니다.

이곳에서 선생님들은 말 그대로 쌀 한 톨도 허투루 버리지 않았습니다. 냄비 바닥에 눌은밥이 생긴 날이면, 물을 붓고 숭늉을 만들어 나눠 마시며 식후 커피 타임 대신 숭늉 타임을 즐길 정도였습니다. 실습 도중 사정상 사용하지 않게 된 부분이 있거든, 모아서 그 자리에서 다른 요리를 만들어 내기도 했습니다. 가지의 끝부분, 피망 씨앗 등을 모아두었다가 선생님이 만들어준 야채튀김은 식감도 살아 있고 다른 야채튀김과 별반 다를 바 없이 맛있었습니다. 이 때문에 10명이 넘는 사람의 식사를 준비해도 음식물 쓰레기는 한 줌이 나올까 말까 했습니다.

음식물 쓰레기를 만들지 않는 것은 물론이며, 그 밖에 조리 중 생기는 쓰레기도 되도록 줄이려 노력했습니다. 그중에서도 '소창 행주 딸기 염색 사건(?)'을 빼놓고는 이야기 할 수가 없습니다. 과일과 백앙금으로 만든 경단 모양의 디저트를 만들던 날이었습니다. 동그랗게 빚은 백앙금에 잘게 썬 과일을 붙여 내는 디저트인데, 랩 위에 과일과 백앙금을 올린 뒤 꽁꽁 싸매면 예쁜 경단 모양을 만들 수 있습니다. 리마의 선생님은 이렇게 설명을 해주시면서

쿠킹스쿨 리마에서 자투리 채소로 만든 튀김

도, 그날 수업에서는 랩 대신 물에 적신 천을 사용해 모양을 빚었습니다. 돌발상황에 주방보조들은 분주하게 인원수대로 천을 준비해야 했고, 20장에 가까운 소창행주가 블루베리와 딸기 색으로 물들었습니다. 이 모습을 보고 배웠기에 리마의 학생들은 누가 시킨 것도 아닌데 일상 속에서 가급적 쓰레기를 만들어 내지 않는 제로웨이스트를 실천하려 노력했습니다.

여전히 서투르지만 저도 주방살림을 중심으로 제로웨이스트를 노력하고 있습니다. 기존의 생활습관을 바꿔야 하니 처음에는 어색하기도, 좌충우돌하기도 했습니다. 하지만 지금까지의 생활방식을 송두리째 바꾸는 것이 아니라, 하나둘씩 사소한 변화를 삶에 맞이해보니, 생각보다 불편하지는 않았습니다. 역시 조금씩, 천천히, 꾸준히 하면 어려운 일은 없습니다. 오히려 주방일의 지혜와 요령이 쌓이는 등, 지금의 생활에서 얻은 점도 많습니다.

1 장보기

주방살림은 장보기에서부터 시작됩니다. 장을 보면서 환경보호를 실천할 때 필요한 것이라고 하면 자연스럽게 장바구니를 떠올리는데, 장바구니와 함께 준비하는 것이 몇 가지 더 있습니다. 우선 먹거리가 떨어져 갈 즈음에 장을 보고, 장보기 전에는 장보기 리스트를 만듭니다. 요리를 좋아하는 사람이다 보니, 오랜만에 만나는 반가운 재료나 신기한 재료를 보면 덜컥 사고 싶은 마음이 듭니다. 하지만 무분별하게 장을 보면, 모처럼 산 먹거리를 냉장고에 쌓아두었다가 음식물쓰레기로 만들어버리는 경우가 많습니다. 그러니 장을 보러 가기 전에 미리 계획을 짜두는 것으로 충동구매를 피합니다. 구체적인 재료까지 정하지는 않고, 며칠 분량의 먹거리가 필요한지, 간식, 반찬, 국거리 중 어떤 것이 필요한지 정도의 단위로 계획을 짜두는데, 이렇게 하면 그날 우연히 사랑에 빠진 재료를 데려오는 즐거움도 놓치지 않을 수 있습니다. 알뜰하게 장을 볼 줄 아는 지혜와 생활력을 가졌다며 어깨가 으쓱해지는 것은 덤입니다.

두 번째로, 한 번 사용한 비닐, 포장봉투 또는 신문지를 챙깁니다. 장바구니를 사용해 비닐봉지 소비량을 줄이는 문화는 많이 정착했지만, 낱개 또는 계량해서 판매하는 재료를 구매할 때에는 여전히 비닐봉지가 필요합니다. 모아 두었던 채소 포장봉투나 신문지, 한 번 사용한 비닐봉투를 챙겨 가면, 이럴 때 유용하게 사용할 수 있습니다. 전, 떡, 빵처럼 그 자리에서 포장해주는 가공식품을 구매한다면 밀폐용기를 챙겨 가는 것도 좋습니다.

장을 볼 때에는 주로 '한살림'처럼 친환경 국내산 식품을 판매하는 생협을 이용하는데, 집에서 가깝고 온라인 주문도 가능해 편하다는 장점이 있지만, 비닐 포장을 너무 많이 사용해, 아쉬움도 남습니다. 그래서 시간이 맞을 때에는 친환경 재배를 하는 농부님과 직접 거래할 수 있는 장터를 이용합니다. 서울에서는 친환경 재배를 하는 농부님들이 많이 출점하는 '마르쉐'의 농부시장, 채소시장을 즐겨 방문하는데, 다품종 소량재배를 하는 농부님이 많아 한자리에서 다양한 재료를 구매할 수 있다는 장점도 있습니다. 요즘은 농부님들도 SNS를 적극 활용하니, 팔로우 해두고 각종 장터 출점, 택배 등의 직거래 소식을 틈틈이 확인합니다. 채소에 대해 궁금한 점을 농부님께 직접 물어볼 수도 있고, 지금 나와 가장 가까운 곳에서 어떤 재료가 자라고 있는지 눈으로 확인할 수도 있으니 장을 보러 간 김에 재료에 대한 공부를 할 수 있다는 장점도 있습니다.

2 주방에서

주방은 정말 많은 쓰레기가 나오는 곳입니다. 몇 가지 팁을 알아두고 차근차근 일상에 들여오면, 쓰레기를 줄일 수 있을 뿐만 아니라 주방 살림의 지혜도 쌓입니다.

키친타월 대신 소창행주를

두부, 유부, 갓 씻은 재료 등의 물기를 제거할 때에는 키친타월 대신 삶아서 소독한 소창행주를 사용합니다. 또한 강판에 갈거나 소금을 뿌려둔 채소의 수분을 짜낼 때에도 유용합니다. 키친타월보다 수분을 더 잘 흡수할 뿐만 아니라 형광증백제나 색소 등의 유해물질을 걱정할 필요도 없습니다. 한번 사용한 행주는 다른 주방용 수건과 함께 틈틈이 삶아둡니다. 언제든 깨끗한 행주, 수건을 사용할 수 있는 만큼, 주방에 잡균이 번식하는 것을 예방하고 한층 더 위생적이게 관리하는데 도움이 됩니다.

오랫동안 함께할 주방도구를 곁에 두기

요즘에는 저렴한 가격에 주방도구를 구매할 수 있지만, 변질되지 않고 오래 사용할 수 있는 주방도구를 두고 틈틈이 관리하며 사용합니다. 도마, 국자, 식기류 등의 소도구는 폐기할 때 환경에 주는 부담이 큰 플라스틱 대신, 주로 나무나 도자기로 만든 것을 사용합니다. 나무로 만든 소도구는 찬 물로 깨끗이 씻고 수건으로 물기를 훔친 뒤, 통풍이 잘 되는 그늘에 말려서 사용하면 뒤틀리지 않으면서도 청결하게 사용할 수 있습니다. 코팅이 되어 있지 않은 경우, 가볍게 물에 적신 뒤 사용하면 음식의 냄새나 색이 나무에 배지 않습니다. 나무도마는 흠집이 많이 생기면 사포로 문질러 손질하고, 잘 마르는 기름을 발라가며 관리합니다.

랩 대신 밀랍 랩, 밀폐용기

남은 반찬이나 채소를 보관할 때에는 비닐봉지나 랩 대신, 씻어서 재사용할 수 있는 밀랍 랩이나 내용물이 보이는 투명한 밀폐용기에 보관합니다. 밀랍 랩은 천에 밀랍, 송진 등을 입혀 만든 것인데, 씻어서 재사용할 수 있고, 접착력이 떨어지면 다시 밀랍, 송진을 입혀 새것처럼 사용할 수 있습니다. 주로 무, 양배추 등의 채소가 남았을 때 채소 표면을 밀랍 랩으로 감싸 보관하고, 스콘, 쿠키 반죽을 잠시 휴지시킬 때에도 비닐 랩 대신 밀랍 랩을 사용합니다. 밀랍 랩은 그릇에는 잘 붙지 않으니, 남은 반찬을 보관할 때는 밀폐용기를 사용합니다.

말리고 얼리고 제대로 보관하고

먹을 만큼만 장을 보니 상해서 음식물 쓰레기통으로 실려 가는 채소가 좀처럼 생기지 않지만, 선물 등으로 채소가 많이 생겼을 때에는 저장식품을 만들거나 오래두고 먹을 수 있게끔 제대로 보관합니다.

말려두었다가 사용하기 좋은 채소는 햇볕이 좋을 때 말려둡니다. 널찍한 채반을 하나 장만하면 편합니다. 가급적 신선할 때 먹는 것이 가장 좋지만, 양이 너무 많다면 얼갈이, 시금치 등 가열 조리에 적합한 잎, 줄기채소는 한번 데쳐서 얼려두었다가 국거리로 사용합니다. 레몬, 귤 등의 만감류 과일은 소금에 절여 수제 조미료를 만듭니다(217쪽 참고).

양이 지나치게 많지 않다면 보관만 제대로 해도 음식물 쓰레기로 실려 나가는 재료를 줄일 수 있습니다. 채소마다 보관하는 방법은 다르지만, 기본적으로 채소가 자라던 환경과 비슷한 조건을 유지해주는 것이 포인트입니다. 땅 속에서 자라던 채소는 흙이 묻은 채로 보관하고, 위를 바라보고 자라던 채소는 세워서 보관합니다. 물을 좋아하는 채소라면 뿌리가 물에 닿을 수 있게 물을 담은 병에 꽂아 보관하고 물을 종종 갈아줍니다. 이렇게 채소를 제대로 보관하는 요령을 연구할수록 채소도 생명이라는 사실을 다시금 깨닫게 됩니다.

주방 비누와 천연 수세미

액체 세제는 리필해서 사용하더라도 반드시 비닐 포장 쓰레기가 생기니, 고체 비누를 사용합니다. 액체 세제보다 자리를 차지하지도 않아, 주방을 더 깔끔하게 관리할 수 있다는 장점도 있습니다.

    수세미는 천연 수세미를 사용합니다. 익숙하게 사용되고 있는 합성 섬유로 만든 수세미는 플라스틱이 섞여 있어 자연으로 돌아가지 않을 뿐만 아니라, 사용하면서 미세 플라스틱이 배출되기도 합니다. 잘 마르지 않아 주방 위생에도 치명적입니다. 천연 수세미는 식물 수세미를 그대로 말린 것이니, 인체에도 자연에게도 무해하며, 사용하고 난 뒤 잘 펼쳐두면 보송보송하게 마릅니다. 무엇보다도 세정력이 월등히 좋습니다.

진정한 분리수거

문명 사회에서 살아가는 이상, 쓰레기는 생길 수밖에 없습니다. 내가 만들어낸 쓰레기와 이별할 때에는 무늬만 분리수거가 아닌, 진정한 분리수거를 하려 노력합니다. 페트병은 페트병 코너에, 유리병은 유리병 코너에 버려도, 페트병에 붙은 라벨, 유리병에 붙은 플라스틱 뚜껑을 제거하지 않으면 제대로 재활용되지 않습니다.

사용한 용기를 물로 깨끗이 헹군 뒤, 유리병 코너에는 유리만, 페트병 코너에는 페트병만 버릴 수 있게끔 꼼꼼히 분리해서 배출합니다.